KB193230

섬 바다 등대로 떠나는

# 명상과 해양치유여행

박 상 건

당그래

**박상건** : 전남 완도에서 태어나 성균관대 대학원 신문방송학과를 졸업한 언론학 박사이자 시인이며 섬여행 전문가이다. <샘이깊은물> 편집부장, 한국기자협회 자정운동특별추진위원장, 국정홍보처 사무관, 신문발전위원회 연구위원, 지역신문발전위원회 위원, 정기간행물자문위원회 부위원장. 한국잡지학회장, 성균관대 초빙교수, 데일리스포츠한국 사장, 국토해양부 무인도서관리위원회 위원, 해양수산부 이달의등대 심사위원장을 지냈다. 현재 (사)섬문화연구소 소장, 동국대 언론정보대학원 겸임교수, 조계사 <보리수신문> 편집위원장, 자비명상지도사(1급)이다.

**저 서** : 『김대중 살리기』, 『평화로 빛난 별 김대중』, 『일류공무원 삼류행정』, 『포구의 아침』, 『빈손으로 돌아와 웃다』, 『예비언론인을 위한 미디어 글쓰기』, 『언론입문을 위한 기사작성 실무』, 『독도저널리즘과 취재방법론』, 『대한민국 걷기사전』, 『주말이 기다려지는 행복한 섬여행』, 『바다, 섬을 품다』, 『바다와 등대 그리고 사람이 만나다』, 『등대가 등대에게 묻다』 등 다수가 있다.

지은이와
협의하에
인지생략

섬 바다 등대로 떠나는
# 명상과 해양치유여행

•지은이 | 박 상 건
•펴낸이 | 이 춘 호
•펴낸곳 | 당그래

•초판 1쇄 발행 / 2024년 10월 25일
•등록 / 제22-0038호 등록일 / 1989년 7월 7일
•주소 / 서울 중구 퇴계로32길 34-5(예장동)
•전화 (02) 2272-6603 팩스 (02) 2272-6604

ISBN 978-89-6046-062-1*13690

# 물결 치면 치는 대로 바람 불면 부는 대로

우리네 삶에서 맞닥뜨리는 스트레스, 불안감, 두려움, 외로움, 관계의 문제들. 특히 스트레스 중 가장 큰 요인이 실망과 낙담이다. 『화엄경』에서는 "그렇게 될 일은 결국 그렇게 된다."고 말했다. "있던 건 지나가고 없던 건 돌아온다. 곧 지나갈 순간을 너무 두려워하며 마음 쓰지 말라."고 말했다. 석가모니는 "고통이 너를 붙잡고 있는 것 아니라 네가 고통을 붙잡고 있는 것"이라고 말했다.

집착은 과거에 얽매인 탓에 생긴 것이고, 자꾸 그 집착에 빠진 탓에 오지 않은 내일의 일까지 미리 짐작하면서 걱정, 불안, 초조, 우울, 스트레스가 쌓이고 내 몸과 마음은 더욱 힘들고 절망하거나 무기력한 상태에 빠진다. 그래서 명상은 그 과거를 털고 지금 이 순간에 집중하기 위한 수단이고 과정이다.

고통스러움은 치유의 과정을 거치지 않음으로써 더욱 부정적 바이러스를 양산하며 자란다. 머뭇거리지 말고, 주저하지 말고, 무작정, 훌쩍, 섬 여행을 떠나자. 삼면이 바다인 우리나라의 국민이라는 점이 얼마나 다행스럽고 행복한 일인가. 우선 당장 집 밖으로 나서는 연습을 해야 한다. 길든 삶을 사는 연습을 해야 한다.

자연 그대로, 자연스럽게 산다는 것을 잘 알려준 경우가 무인도 여행이다. 홀로 무인도 여행을 하며 자박자박 밀려오는 파도 소리에 귀 기울이다 보면 섬의 고독한 영혼을 만나고 섬을 사랑하며 경외한다. 바닷가에 홀로 선 나그네는 그렇게 외딴섬을 보듬고 출렁이는 파도처럼 하나가 된 그 섬에서 또 하나의 나를 만난다. 텅 빈 침묵, 적멸, 까닭 모를 눈물을 흘리며 카타르시스를 느꼈다.

잠 못 드는 이에게 밤은 길기만 하다. 나는 오랫동안 심한 불면증에 시달렸다. 여러 방편을 찾아 노력했지만 신통치가 못했다. 그런 어느 날 호흡 명상을 통한 반복적인 마음챙김이 몸에 익으면서 평안한 잠자리, 숙면의 기쁨을 맞았다. 결국 숙면도 마음이 편안하고 몸과 마음이 여유와 균형감을 이룰 때 가능했다.

물결이 치면 치는 대로 바람이 불면 부는 대로 놓아주는 것이 명상이다. 명상은 결코 복잡한 과정이 아니다. 내 마음을 먼저 내려놓을 줄 알면 절반의 성공인 셈이다. 명상이 몸에 달라붙으면서 호흡 명상은 3분, 5분, 10분, 15분으로 늘어났다. 명상 즐기기는 중년 이후 삶을 새롭고 여유롭게 해줬다. 숙면의 시간을 넘어 숙성된 사유의 에너지로 마음 편하게 어디로든 떠나는 여행길의 설렘이 있었다. 곳곳마다 보는 곳마다 명상 포인트였다.

조용히, 무심히 명상을 하다 보면 해안절벽에서 부서지는 물보라, 그 절벽 아래 몽돌밭으로 밀려왔다가 부서지며 다시 밀려가는 파도 소리, 그 파도에 온몸 흔들고 적시며 절벽 위에서 바위틈에서 환하게 핀 꽃들의 생명력에 감동했다. 저편 바다의 올망졸망 섬들 혹은 망망대해 바라보기만으로도 마음이 평화롭고 생동감이 넘쳤다.

혹은 등대 아래 앉아서 갯바람 소리와 뱃고동, 갈매기의 비행, 물결이 칠 때마다 머리카락을 헹구는 한 무더기의 해조류들의 풍경과 파도 소리에 귀 기울이며 내 마음을 투명한 물꽃처럼 닦고 다독이기에 충분했다.

파도는 나에게 때로 통쾌하게 부서지는 풍경이었고, 때로는 나를 철썩철썩 채찍질하기도 했다. 그렇게 나는 푸른 파도처럼, 푸른 섬처럼 본래 깨달은 그 자리로 돌아와 세상을 보는 나의 창을 맑게 하고 삶을 재충전했다.

금강경에서는 "우주에 고정된 것은 아무 것도 없다"라고 말했다. 사람도 자연도 변한다. 멈춰 있는 것은 아무 것도 없다. 우리네 삶도 행복도 늘 변한다. 바다는 썰물로 비운만큼 밀물을 이뤄 수평을 이룬다. 수평선에 해가 뜨면 지고, 지는 해는 다시 떠오른다. 얻는 것이 없다면 잃는 것도 없다. 잃는 것이 없으니 애당초 절망도 후회도 할 필요가 없다. 우리는 지금, 이 순간에 집중하는 것만 관조하고 깨닫는다. 집중하는 순간에 내 마음은 공하다. 모든 공간은 여백이다.

섬에는 숱한 삶의 기호들이 생멸하고 나부낀다. 지혜의 꽃들이 피고 진다. 해양 공간에서의 명상여행이 얼마나 뛰어난 효용성을 지녔는지를 실감케 한다. 이러한 해양 공간은 그대로 해양문학의 보고이고, 이미지 명상, 예술 명상의 무대이다.

삼면이 바다인 우리나라는 발길 닿는 곳마다 아름답고 넉넉한 명상 공간을 갖췄다. 그렇게 타고난 자연환경에서 나를 읽고 지혜를 캘 수 있는 명상, 다양한 명상을 통해 삶의 등불, 진리의 등불를 밝히고 삶의 이정표를 마련하는 마음챙김 여정이야말로 진정한 해양치유여행이다.

나는 이런 문제의 연장선에서 해양 공간에서 만나는 자연과 인문학의 만남을 주목했다. 해양 공간에서 어떻게 치유 과정이 이루어지고 어떤 연계성과 융화 과정을 거치는지, 그런 효과들이 우리네 삶과 건강, 정서적 측면에서 어떻게 상호작용을 하는지를 주목했다. 그리고 그런 치유 과정에서 중요한 역할을 하는 요소들을 입증하는 여러 논문과 보도자료, 체험 사례들을 중심으로 명상 스토리를 전개했다.

2024년 10월
본각 박상건

섬 바다 등대로 떠나는
# 명상과 해양치유여행 / 목차

8

# 제1장 해양치유란 무엇인가?

## 해양치유와 자연치유 트렌드

'해양치유'라는 그리스에서 유래했는데, '바다'를 뜻하는 Thalassa(텔라소)와 '치료'를 뜻하는 Therapie(테라피)의 합성어이다.

해양치유는 해수, 모래, 소금, 진흙, 해조류 등 해양자원과 환경을 이용해 신체적·정신적 건강을 증진시키는 활동을 말한다. 삼면이 바다인 반도국가이자 해양국가인 우리나라는 섬과 바다 여행을 통해 다양한 맛과 멋, 명상이 함께하는 마음 치유를 할 수 있다.

프랑스는 정부 차원에서 해양치유를 대중적 대체의학으로 인정하고, 의료·웰니스 관광산업으로 육성하면서 다양한 분야에서 부가가치를 창출한 대표적인 나라이다. 프랑스는 1899년 서북부 해안 지역 로스코프(Roscoff)에 해양치유연구소를 설립했다.

웰니스는 육체적·정신적으로 기분이 좋은 상태를 의미하는 웰빙(Well- being)과 육체적·정신적 기능의 적합성을 의미하는 피트니스(Fitness)의 합성어이다. 해양자원을 이용해 건강 증진 등 삶의 질을 높이는 산업을 해양치유산업이라고 부른다.

웰니스 개념은 미국의 의사, 학자인 할버트 던(Halbert L. Dunn)이 1961년에 출판한 『고차원적 웰빙』이라는 책에서 처음 등장했다. 던(Dunn)은 환경의 영향 아래서 몸과 마음, 정신으로 이뤄진 우리 인간의 전반적인 웰빙 의식으로서 특별한 상태의 건강을 웰니스라고 명명했다.

던(Dunn)은 웰니스 개념을 신체와 정신, 영성이 통합된 상태로 봤다. 웰니스의 개념은 1970~1980년대에 민간 기업을 중심으로 직장 내 웰니스 프로그램 등이 운영되고 정부 차원에서 미국 여러 주와 도시에서 다양한 라이프스타일 지원 프로그램을 개발하고 보급하면서 지구촌 곳곳으로 퍼졌다.

웰니스는 다시 유럽으로 확산돼 1990년 독일 웰니스협회(Deutscher Wellness Verband)와 유럽 웰니스연합(Europäischen Wellness Union)이 설립됐고, 현대적 웰니스 개념이 대중적으로 보급되는 결정적인 계기가 됐다. 그렇게 건강, 치유, 식이요법, 자기계발 등 새로운 이론들과 접목되면서 지구촌 곳곳에서 웰니스 바람이 불었다.

지구촌 어느 나라, 어느 국민도 건강한 삶을 희구하지 않는 경우가 없을 것이다. '건강'은 국어사전에서 "몸이나 정신에 아무 탈이 없이 튼튼함"으로 설명했다. 세계국제보건기구(WHO)는 "단지 질병이 없는 상태가 아니라 신체적, 정신적, 사회적으로 완전한 상태(Well-being)"라고 정의했다.

우리나라는 2000년에 국민들 사이에 서서히 웰빙 바람이 불기 시작했다. 이때 웰빙의 의미는 "신체적, 정신적, 사회적으로 완전한 상태"를 말했다. 특히 황사, 광우병이 사회적 이슈로 부상하면서 저마다 안전한 먹거리와 건강한 삶을 지향하기 시작했다. 그리고 지구촌 웰빙바람은 2007년까지 환경 재해 문제와 함께 주요 관심사를 부상했다.

2008년부터 2012년까지는 '힐링'과 '로하스'라는 단어로 대체돼한 차원 다른 건강, 자연 생태계까지 고려하는 자연 친화적인 치유문제로 대두됐다. 로하스(LOHAS)는 건강과 친환경을 중요시하는 소비자들의 생활패턴을 말한다. 자본주의와 경쟁 지상주의에 지친 사람들은 치유와 위안을 주는 자연과 함께 싱싱하고 자연 그대로의 맛과 멋을 즐기는 힐링 트렌드에 열광하기 시작했다.

2013년부터는 이런 자연과 함께하며 호흡하면서 더 느리게, 더 낮게 사는 느림의 미학을 즐기는 생활방식과 여행문화가 새로운 트렌드로 각광받기 시작했다. 여기저기 오피니언 그룹의 칼럼과 강연에서는 느림의 미학이라는 키워드가 자주 등장했고, 그런 삶을 지향하는 프로그램들이 등장했다. 그런 취향이 걷기, 명상을 수단으로 삼으면서 일상생활에서 건강과 마음챙김이 삶의 또 하나의 방편이 되었다.

정부와 자치단체, 공공기관은 이런 국민 정서에 부응해 맞춤형 웰빙 프로그램을 개발하고 널리 보급하는 데 앞장섰다. 기업 등도 이런 트렌드에 발맞춰 식사문화, 주말농장, 여행 등 다양한 분야와 연계한 프로그램과 상품을 선보이기 시작했다. 그렇게 국민들은 삶의 질을 높이는 정서적, 자연친화적 방편으로 치유와 명상에 관심이 높아졌다. 정부와 자치단체들은 앞다퉈 치유센터와 힐링센터를 세웠다.

그리고 이러한 최적의 공간을 홍보하며 국내외 여행객 유치를 위한 명소로 활용했다.

문화체육관광부와 한국관광공사는 정부 공공기관으로서는 처음으로 2016년 의료관광, 웰니스관광이라는 단어를 사업 공고와 보도자료 배포 과정에서 사용하기 시작했다. 웰니스관광은 건강과 치유를 목적으로 특정 국가를 방문해 스파, 휴양, 뷰티 등 관광문화를 즐기는 것을 말한다. 물론 의료관광과 웰니스관광에 대한 개념을 칼로 두부를 자르듯이 명확히 구분하기는 모호한 부분이 없지 않다. 결국 서로 유기적, 의존적 관계로 운영되고 있다.

문체부와 관광공사는 2017년부터 매년 웰니스 관광지를 선정, 발표하여 해당 지역과 명소를 관광코스 인지도 높이기로 활용하고 다양한 사업을 지원하고 있다. 웰니스 관광자원은 한방, 치유·명상, 뷰티·스파, 자연·숲 치유자원 등 4가지 범주로 분류할 수 있다.

웰니스 프로그램은 맞춤형으로 식생활, 운동, 마음습관, 사람관계 등 다양한 분야로 진화 중이다. 그런 목적으로 마음센터, 힐링센터, 명상센터, 선마을 등이 운영되고 있다. 이곳을 찾는 명상인들은 자연치유 공간에서 깨달음, 휴식을 계기로 삼는다. 이러한 행위와 과정을 통해 정신적, 철학적으로 내 삶에 어떤 가치를 지니는지, 이러한 행위로 말미암아 내 마음과 인생이 어떻게 달라지는지에 대한 성찰과 통찰을 한다.

이러한 자연치유와 명상 트렌드는 인간의 재부족화 회귀 현상과 밀접한 관련이 있다. 인간은 본디 원시의 수렵, 동굴, 부족생활을 통해 문명의 진화를 거듭해온 주인공이다. 이런 인간사회는 첨단 자본주의와 개성 중심의 개인주의가 어우러지면서 핵가족, 1인 중심 사회를 전환됐고 새로운 디지털 세상이 열리면서 세상은 우주와 미래로 향하는 상상 이상의 신세계가 펼쳐질 것만 같았다. 그러나 디지털 속의 스토리들은 미래가 아닌 자연으로 회귀하는 경향성으로 나타났다.

인터넷은 전 세계를 지구촌이라는 이름으로 하나로 묶었고, 한 동네 이웃처럼 시나브로 정보를 주고받을 수 있게 됐다. 그런데 디지털 이용자들은 제일 먼저 아이러브스쿨 등을 통해 옛 친구와 친지, 선생님을 찾아 나섰다. 이를 부족사회로의 회귀 현상인 재부족화라고 부른다.

그렇게 지구촌으로 이어지고 열린 인터넷 공간은 시골집 색 바랜 사진을 찾아 SNS에 올리고 현대적 이미지로 변환해 감각적이고 동적인 모습으로 공유하고, 주말농장을 옛 고향집 텃밭 가꾸듯이 애정과 추억의 공간으로 삼으며 자연친화적 삶을 향유했다. 이러한 친자연주의 경향성은 느림의 미학을 추구하고, 숲과 해안 길을 따라 걷기여행, 백패킹, 차박캠핑, 해먹캠핑, 노지캠핑, 솔로캠핑, 해양치유 등 다양한 스펙트럼의 여행과 레저 트렌드로 진화를 거듭하고 있다.

## 해양치료와 치유는 어떤 것이 다른가?

글로벌웰니스협회(Global Wellness Institute) 보고서에 따르면 2020년 세계 웰니스산업 규모는 4.4조 달러에서 2025년 7.7조 달러로 9.9% 성장할 것으로 전망했다. 한국은 웰니스산업 규모가 2022년 기준으로 1130억 달러로 세계 9위 수준이다.

물론 국내외 규모의 정도와 정확한 통계 자료는 부족한 실정이다. 특히 의료관광이 미용, 성형수술 치료를 의미하는지, 중증 치료도 해당하는 것인지, 미용, 뷰티, 치료 외에 해당하는 의료관광도 여기에 포함된 것인지에 대한 명확한 정의와 규정, 자료가 부족하다.

'의료관광' 개념은 논문마다 어휘적 표현이 조금씩 다를 뿐, 문맥상 의미는 대동소이한 편이다. 김미경·윤세목·유세남(2008), 성용찬(2021), 이주현(2015), 임범종 외(2009), 조현구(2006), 최복수·김영석(2014) 등은 '의료관광'이란 "보건 서비스가 결합된 보건관광 프로그램", "의료서비스와 휴양 등 관광활동 병행", "미용과 성형을 포함한 포괄적 의료서비스를 관광자원으로 이용", "건강을 위한 치료와 정신적 스트레스 해소를 위한 일체의 관광활동" 등으로 개념 짓고 있다.

2016년 관광공사가 주최한 웰니스관광 국제포럼에서도 의료관광 개념에 대한 다양한 논의가 있었는데, 의료서비스 소비형태를 병원 중심, 병원 및 여행업체(유치업체), 의료서비스 외 다양한 이해관계자 참여(민간 마케팅 및 소비자 니즈에 따라 진행) 등으로 그 범위를 구분했다.

섬으로 여행을 떠날 경우 여행자는 관광명소의 섬마을을 방문하는 것으로 끝나지 않고, 낚시체험, 갯벌체험, 활어 맛기행 등 해양 공간에서의 다양한 체험프로그램을 즐길 수 있다. 이를테면 수산물 양식장 간접체험, 바닷가에서 소라잡기, 그물치고 숭어잡기, 치어를 구해 일상생활에서 직접 기르면서 해양 생태계 변화를 체험하는 직접적 프로그램, 즉 생산자와 소비자가 쌍방향으로 그 효용성을 체험하는 다양한 종류의 체험 프로그램 등이 있다.

치유관광(Healing Tourism)은 지방자치단체에서 지역 관광 자원을 활용한 관광상품으로 적극적으로 육성되고 있다. 이 역시 정확한 개념이 정립된 것은 아니다. 아시다시피 의료기관에서는 치료와 검사 등 적법한 직·간접적 의료행위를 치료라고 부른다. 반면, 치유는 치료의 의미와 함께 정서적 안정과 정신적 위로 등의 의미를 포함한다.

결국 치유관광은 육체적, 심리적 안정과 평온이 포함된 형태의 관광활동이다. 치유는 자연 물질과 환경을 이용해 생활습관을 조절, 완화시키는 방식이다. 운동, 영양, 심리적 생활습관의 변화 형태도 치유활동에 속한다. 그리고 내 마음을 근본적으로 치유하는 마음챙김, 명상도 대중 속에 크게 보급되고 있는 상황이다.

## 해양치유여행과 국내외 해양치유센터 역할

해양수산부는 2017년 고려대에서 '해양치유 정책포럼'을 열었고, 2018년 코엑스에서 '해양치유 국제포럼'을 개최했다. 해양치유산업연구단 등과 함께 주요 지역의 해양치유자원 발굴 연구를 추진하는 등 삼면이 바다인 우리나라 해양 공간을 관광산업의 성장동력으로 삼아 적극적으로 확대하는 해양산업 프로젝트를 추진했다.

완도 신지명사십리해변

　해수부는 이러한 해양치유 자원 발굴 및 실용화 기반 연구 사업에 2017년부터 2019년까지 총 51억 원의 예산을 투입했고, 2020년 1월 '해양치유자원의 관리 및 활용에 관한 법률'이 국회 본회의를 통과, 2월부터 시행에 들어가면서 각종 해양치유 프로그램 개발과 이를 통해 대한민국과 지역경제 활성화를 꾀하는 계기가 마련됐다.

　'해양치유자원의 관리 및 활용에 관한 법률안'은 해양치유자원 실태조사와 해양치유지구 지정 및 치유지구에 대한 지원근거 마련 등의 내용을 담고 있어 휴식과 건강을 중시하는 현대인을 위한 해양치유산업의 기반을 구축하는 법적 근거이다.

해수부는 2017년 10월 17일 지자체 공모를 거쳐 '해양치유 자원 실용화 연구' 협력 지자체로 태안, 완도, 울진, 경남 고성 4 곳을 선정해 해양 치유자원과 자연환경을 반영한 한국형 모델을 개발해왔다. 태안은 천일염, 완도는 해조류, 울진은 염지하수, 경남 고성은 굴을 우수 대표자원을 보유지역으로 분류했다.

이를 바탕으로 본격적인 시범지구 지정을 통한 인프라 구축에 착수해 2019년 완도가 첫 시범지역으로 출발했고, 2020년 태안·고성·울진이 해양치유 시범단지로 조성되기 시작했다. 이들 4개 거점 지역에는 총 1354억 원을 투자해 해양치유센터가 건립된다.

이들 지역 센터를 중심으로 민간 투자를 통해 병원, 바이오 기업, 리조트 등을 유치하여 해양치유산업 거점을 조성한다. 해양치유 거점 외에도 우수한 해양치유 환경을 갖춘 어촌체험마을을 해양치유 특화형 어촌으로 지정해 지역 자생형 치유공간도 더불어 조성해 나가고 있다.

정부와 자치단체의 이런 해양치유 정책 방향과 함께 해양 관련 논문에서 자주 등장하는 개념이 '해양치유관광'이다. 해양치유관광은 관광 분야를 건강적 측면의 스파와 요가 중심의 웰니스관광, 의료적 측면의 치료와 치유를 중심의 의료관광을 합친 융·복합적 관광자원이다.

즉, 해양치유관광은 해양치유자원을 활용한 관광이며, 생태관광에서 문화관광까지 다양한 프로그램을 개발할 수 있고 지역

특성에 맞는 해양치유상품이 선보이고 있다. 이러한 해양치유 관광정책은 프랑스, 독일 등의 해양치유 프로그램을 통한 융·복합적 부가가치 창출 과정을 벤치마킹 한 것이다.

이를테면 프랑스 바닷가 관광단지나 호텔에서는 해양치유관광이 크게 호응받고 있다. 프랑스 해안선은 총연장 5500km의 긴 해안의 맑은 기후와 미네랄이 풍부한 해수, 진흙, 해초류, 모래를 이용한 탈라소테라피(Thalassotherypy)가 자연스럽게 발전되어 왔다. 탈라소테라피는 해양이나 해안의 환경이 질병을 고친다는 생각에 의거한 치료법으로 류마티즘, 무력증, 각종 사고 후유증, 운동장애, 스트레스 해소, 비만치료, 금연 등에 탁월한 효과가 있는 것으로 알려졌다.

유럽인들은 중세부터 탈라소테라피를 통해 건강한 삶을 추구해왔다. 16세기 후반 특정 피부질환 치료에 해수욕을 제공하기 시작해 1750년 영국인 리처드 러셀(Richard Russel)박사가 해수 치유 속성에 관한 논문을 통해 해수요법이 주목받았다. 1865년 프랑스 생리학자 르네 껭통(Rene Quinton)박사가 바닷물 속에서 백혈구가 성장하는 실험을 통해 혈장과 해수 사이의 유사성을 확인한 논문을 통해 해수 치료효과를 입증했다.

해수의 치유속성과 치료효과에 관한 연구를 토대로 루이-유진 바고(Louis-Eugene Bagot)박사가 1899년에 최초의 해양요법 시설, 즉 탈라소테라피 센터(해양연구소)를 로스코프(Roscoff)에 설립했다.

독일의 해양치유 정책은 1919년 제1차 세계대전 희생자에 대한 치유와 복지 차원에서 시작해서 1970년대부터는 전 국민의 삶의 질을 향상시키는 건광관리와 사회보장 차원에서 보완해 다양한 프로그램을 개발해 운영하고 있다. 특히 법적으로 해양치유 시설은 해안으로부터 2km 이내에 위치하고 대기 및 수질 보존 방안을 마련하며 관련 협의회에서는 구체적인 공간 및 시설 요건을 갖추도록 규정하고 있다.

프로그램 운영에는 의사가 의무적으로 상주하고 진찰과 처방이 가능한 진료실과 교육, 운동시설과 프로그램을 보유, 운영해야 한다. 반드시 해변 산책로, 공원, 해변 경관 감상길, 놀이·스포츠 시설 및 공간을 갖춰야 한다. 독일의 해양치유산업 시장 규모는 약 45조 원이고 약 45만 개의 관련 일자리를 창출하고 있다.

아시아권에서는 일본이 1990년대 오키나와현에서 프랑스식 해양요법을 벤치마킹했다. 최근에는 고급 리조트와 지역 주민시설로 구분해 일본 전역에서 26개소 이상의 해양치유시설을 운영 중이다. 해수 등을 활용한 해양치유관광 활성화로 헬스투어리즘(Health Tourism) 인증 프로그램도 운영해 대중화 길을 걷고 있다.

우리나라에서는 해양치유에 앞서 산림 치유관광이 먼저 등장했다. 산림치유는 원예활동, 정원 가꾸기, 농산어촌 역사·문화체험, 온천 치유관광, 숲 치유관광 등 다양한 맞춤형 프로그램으로 진화를 거듭하고 있고 국민들 일상생활에 잘 스며들고 있다.

산림치유는 숲에 존재하는 다양한 환경요소를 활용해 인체의 면역력을 높이고, 신체적 정신적 건강을 회복시키는 치유활동을 말한다. 산림의 치유인자는 경관, 피톤치드, 음이온, 산소, 소리, 햇빛 등이다.

'경관' 측면에서 숲의 녹색은 눈의 피로를 풀어주며 마음을 안정시킨다. 시간에 따라 변화하는 산림은 변화의 매력과 주의력을 자연스럽게 집중시켜주고 피로감을 풀어준다.

'피톤치드'는 나무가 해충과 상처로 부터 스스로를 지키기 위해 생성하는 물질이다. 피톤치드는 '식물'의 'Phyton'과 '죽이다'의 'Cide'의 합성어로 염증을 완화시킨다. 산림 공기에 존재하는 휘발성의 피톤치드는 인간의 후각을 자극해 마음의 안정과 쾌적감을 느끼게 한다.

'음이온'은 일상생활에서 산성화되기 쉬운 인간의 신체를 중성화시키는 역할을 한다. 음이온은 산림의 호흡작용, 산림 내 토양의 증산작용, 계곡 또는 폭포 주변과 같은 쾌적한 자연환경에 많은 양이 존재한다.

산림의 '소리'는 인간을 편안하게 하고 집중력을 향상시키는 넓은 음폭의 백색(White sound)의 특성을 가지고 있다. 이 소리는 계절마다 다른 특성을 가지며, 특히 봄에서 산림에서 마주하는 소리는 가장 안정된 소리의 특징을 보인다.

'햇빛'과 관련해서는 산림이 도시보다 피부암, 백내장과 면역학적으로 인체에 해로운 자외선(UVB)차단 효과가 뛰어나 오랜 시간 야외활동이 가능하다. 햇빛은 세로토닌을 촉진시켜 우울증을 예방하거나 치료하는 방법으로 넓게 활용되고 있다. 또한 뼈를 튼튼하게 하고 세포의 분화를 돕는 비타민D 합성에 필수적이다.

이러한 산림치유 대상은 치료기관에서 치료받는 중환자 이외의 심신 회복과 휴양, 생활습관 개선, 우울증, 고혈압, 아토피 등 신체와 정신 건강을 원하는 모두가 대상이다. 그리고 해안과 바다를 낀 섬 산악지대도 산림치유 공간의 연장선에서 활용되고 있는 추세이다.

다시 해양치유와 관련해 자원별 활용사례를 이야기하자면 해수는 염도, 미네랄, 수질 등을 활용하고 염지하수와 심층수는 염도, 미네랄 등을 활용한다. 광물자원인 머드는 갯벌토를, 생물과 환경자원을 활용한 감성여행은 섬과 바다, 등대, 해조식물 활용 등을 꼽을 수 있다.

아무래도 여행자들은 섬과 바다에서 해양치유를 통해 건강증진 효과를 먼저 기대할 것이다. 즉 면역력 향상, 해독, 긴장·스트레스 완화, 자아성찰, 사회적 관계의 향상을 추구한다. 구체적으로 신체적 건강 측면에서 보면 노화방지. 미용·다이어트, 체질개선, 염증질환 해소, 호흡기 질환, 대사질환 즉 고혈압, 당뇨 등 완화 및 해소이다.

이 가운데 바닷물은 신진대사 증진, 피트는 독소 배출, 해조류는 변비·당뇨·혈압 개선, 머드·소금은 통증·염증 완화, 바다모래는 긴장과 관절통 완화, 염지하수는 노폐물 제거, 해양기후·경관은 심신 이완 효과를 꼽을 수 있다. 여기서 말하는 '염지하수'는 '먹는 물 관리법'에 나오는 용어인데, 물속 염분에 녹아 있는 산소의 질이 단단하고 굳은 것(고형물)이 2000밀리그램퍼리터(㎎/L) 이상 함유된 지하수를 말한다. 이 기준치는 수질 안전성을 계속 유지할 수 있는 조건으로 이런 자연 상태의 물은 먹을 수가 있다.

해양수산부가 주도한 우리나라 최초 해양치유센터는 2023년 11월에 전남 완도군에서 세워졌다. 완도 해양치유센터는 완도 신지명사십리 해양공간과 해조류 등 천혜의 해양치유자원을 바탕으로 지하 1층 및 지상 2층의 연면적 7596㎡ 규모로 스포츠 재활과 대사증후군 완화에 특화된 해양치유모델이다. 재활을 위한 수중보행 및 운동이 가능한 해수풀은 물론, 근골격계 관리 및 스트레스 완화 등을 위한 치유실, 명상이 가능한 공간과 시설 등을 갖췄다.

완도 해양치유센터는 신지명사십리 해수욕장과 온화한 기후를 접목한 해변 노르딕워킹, 해변 요가 및 명상 등 다양한 해양치유 프로그램을 운영 중이다. 노르딕워킹은 전용 스틱을 사용하여 걷는 온몸운동으로, 북유럽 크로스컨트리 스키 선수들의 하계훈련으로 시작돼 현재는 대중 스포츠로 자리 잡았다. 요즘 호흡을 안정시키며 내면의 평화를 다지는 걷기 명상, 좌선 명상도 인기다.

국내에서 두 번째로 세워진 충남 태안 해양치유센터는 바닷바람, 파도소리, 바닷물, 갯벌, 모래, 해양생물 등 서해안 해양자원을 활용해 체질을 개선하고, 면역력을 향상시키는 데 포커스를 맞춰 다양한 치유프로그램을 종합적으로 운영한다.

태안 해양치유센터는 근골격계 질환자들의 수중보행 및 운동이 가능한 해수풀, 통증과 스트레스 완화를 위한 테라피실과 마사지실, 태안 연안지역의 퇴적물로 치료하는 피트실, 소금을 활용해 치유를 돕는 솔트실 등 해양치유서비스 전반의 시설을 갖췄다. 서해안에서 보기드물게 태안 바닷가에서 즐길 수 있는 서핑·카약 등 태안만의 특별하고 다양한 해양레저 콘텐츠와 해수욕장·리조트 등 휴양 인프라를 최대한 활용한 레저복합형 모델을 지향한다.

경남 고성군은 걷기 좋은 해안 둘레길과 아름다운 자연 풍광을 바탕으로 문화체육관광부의 코리아 둘레길을 연계한 프로그램을 활용한 점이 특징이다. 문체부가 2016년부터 추진한 전국 규모의 걷기 코스 총길이는 4544km. 여기서 남해 해안을 연결하는 남파랑길은 부산 오륙도부터 해남 땅끝 전망대까지 총 90개 코스의 1470km. 고성군은 5개 코스 약 70km가 중첩된다.

고성군은 이 코스를 이색적인 테마 걷기여행길 프로그램으로 발전시켰는데, 특히 당동해안길의 아름다운 해안경관을 조망하며 고성에서 키운 해풍지역차, 허브차를 마시며 마음치유를 한다. 몸을 이완하고 눈의 혈액순환을 개선하는 명상 프로그램을 접목한 점이 주목된다. 명상이 끝나면 고성에서 자란 야채, 해초 등을 이용한 도시락을 맛보며 몸과 마음을 더불어 치유한다.

제주도 해양치유센터는 2026년 완공 목표로 성산일출봉 바닷가에 자리 잡는다. 제주특별자치도에는 2026년까지 국비 240억 원과 도비 240억 원 등 480억 원이 투입된다. 치유센터가 들어서는 제주도 시흥리는 제주올레의 시작점인 1코스가 지나고, 3km 거리에 유네스코 세계자연유산인 성산일출봉이 바라보는 천혜의 해안 풍광을 갖춰 해양치유의 최적지로 평가된다.

제주 해양치유센터는 연면적 5500㎡ 규모의 지하 1층, 지상 3층으로 건립된다. 용암해수를 활용한 치유시설, 수중 보행과 운동이 가능한 해수풀, 스트레스 완화 등을 위한 치유실, 요가와 명상 공간을 갖춘다. 더불어 서귀포시 서귀포항만 부지에 해양레저체험센터도 조성 중이다. 여기서 스쿠버 교육생을 위한 실내 다이빙 체험교육장, 서핑보드 체험장, 해양레저 전시 홍보관, 강의실 등을 갖춰 사계절 실내외에서 해양레저 체험을 즐길 수 있다. 문섬, 서귀포항 해양문화공간과 연계한 해변 걷기 명상 등 다양한 관광상품을 동시에 개발해 운영한다.

## 치유의 바다, 바다에서 삶의 지혜를 읽는다

소설가 출신 기자인 고 임동헌의 『풍경』이라는 제목의 책은 사물을 바라보는 안목이 남다름을 보여준다. 문고판보다 작은 크기로 64p 분량에 불과한 책이지만 치유와 관련해 그 사유의 큰 울림을 준다. 저자는 '여행길'이라는 제목의 글에서 "물은 여행길을 달려와 사람들 품에 안긴다. 사람들이 물속에 뛰어들어 근육을 맡길 때 물은 알맞은 무게로 떨어져 내려 근육의 피로를 풀어준다. 그러므로 물과 사람은 더 없는 동행의 파트너이다. 서로 기다려 몸을 합치는 즐거움을 아는 파트너처럼 아름다운 동행이 또 있을까."라고 표현했다.

"이윽고 물은 다시 길을 떠난다. 사람들은 물을 떠나보내면 또 다른 물을 맞아들인다. 한여름, 물을 보내고 새로운 물을 기다린다." 물줄기가 폭포에 이르기까지 여정, 그 여행길을 달려온 물줄기, 떨어진 물줄기 속으로 뛰어든 사람들, 그렇게 물과 사람이 알맞은 부피와 무게로 만난 아름다운 동행을 잘 묘사했다. 그렇게 사람과 물은 경계 없이 함께 출렁인다.

우리네 마음이 가벼울 때, 기꺼이 자연과 더불어 더 가볍고 정답게 한 물결로 출렁인다. 마음의 변화에 따라 세상은 무겁게도 다가오기도 하고, 맑고 밝고 풍성한 파노라마로 펼쳐지기도 한다. 어릴 적부터 계곡에서, 수영장에서 그렇게 물놀이를 즐기던 아이들은 더 큰 해수욕장에서 새로운 물길을 만날 때는 보다 진취적이고 패기 있는 마음으로 더불어 하나가 되고 그렇게 자연과 함께 즐길 줄 안다. 해양 공간이라면 통통대며 미끄러져 가는 어선과 창공을 휘저으며 비행하는 갈매기와 교감하면서 마음의 평화 혹은 치유를 할 수 있다. 그리고 한 발짝 떨어져 사물과 문제를 바라보고 풀어가는 지혜를 터득하고 활용할 줄 안다.

프랑스 철학자 로랑스 드빌레르는 "인생을 제대로 배우려면 바다로 가라"고 말했다. 철학과 함께 하는 삶의 가치를 강조해 온 저자는 해양 생태계가 우리네 삶을 가장 잘 표현하는 자연이라고 강조했다.

그는 『모든 삶은 흐른다』 한국어판 서문에서 플라톤의 "바다가 모든 악을 씻는다"라는 말을 인용하며 "바다는 자신을 그대로 내보인다. 필요 이상으로 숨길 필요도, 꾸밀 필요도 없다. 그저 있는 그대로 나 자신을 보이며 나아가면 된다"라고 말했다.

나는 바닷가에서 태어나 상경 후 30년 동안 섬과 바다, 등대 여행길을 떠났다. 그렇게 섬들을 답사하며 넓은 바다로의 회향을 사랑했다. 그때마다 마음의 평화, 기쁨의 바다는 내 마음을 닦고 다독이며 치유케 했다. 우뚝 솟은 푸른 섬을 사랑하고 그 섬에서 부서지는 파도, 허공을 울려대는 물보라의 함성과 다시 평온해지는 바다를 만나 적당히 짠맛에 깃든 인생의 묘미와 매력을 즐겼다. 때로는 더위를 피해 방파제등대에 기대어 섬과 망망대해를 바라보며, 세상천지에 이보다 더 자유롭고 평화롭고, 아름답고 행복한 공간은 없다는 것을 실감했다.

망망대해…아무 것도 보이지 않는다… 그렇게 꾸밈없는 바다는 텅 빈 사유의 힘을 키우는 데 제격이다. 이름 모를 마도로스가 찾아가는 그 기항지와 어깨 나란히 그어진 수평선 위로 해가 뜨고 지는 찰나에서 느끼는 그 붉은 감흥에 빠지는 순간은 바다를 체험하는 여행자만의 특권이다.

비행기를 타고 가다가 내려다본 섬은 때로는 두 주목 불끈 쥔 소년처럼 야무지고 열정적 모습으로, 때로는 이름 모를 항구나 포구의 깃발처럼 파도로 일렁이고, 빵모자를 쓴 여승처럼 다가오곤 했다. 어느 섬, 어느 바다, 어느 포구에 가거나 이런 풍경과 그리움이 짙게 밀려왔다가 백사장에 스러지곤 했다. 검은 듯 회색인 듯 몽돌밭에 사르르 사르르 또는 재잘재잘 해조음에 귀 기울이다 보면 유년시절 친구들이나 천진불의 미소와 만나는 순간을 만끽한다.

## 풍랑주의보 내린 바다의 물보라와 등대 명상

해양 공간이 주는 사유의 공간은 늘 넉넉하고 평화롭다. 물론 그 공간은 늘 정적이지만 않다. 바다에서는 하나의 현상이 오래 머물지 않는다. 자연에도 삶에도 음과 양, 기쁨과 슬픔이 반반씩 버무린다. 우리네 삶과 접점을 발견하는 순간에 우리는 관찰과 관조, 성찰과 통찰의 지혜를 통해 마음을 위로하고 치유한다.

모든 것은 바다처럼 내 마음에 따라 출렁이고 멈춘다. 바다에는 경계가 없다. 바다의 기준은 수평이다. 한번은 썰물로 비우고 비운 만큼 다시 밀물이 되면서 수평을 이룬다. 그 위로 해가 지고 지는 해는 다시 떠오른다. 본래의 자리로 돌아가는 해양생태계의 순환은 사계절 여러 풍경을 보여주면서 우리에게 본래의 마음을 찾도록 일러준다. 이것이 해양 명상을 통한 깨달음이다.

늘 그 자리에서 다양한 현상을 맞으며 선박의 항해를 돕는 대표적인 사물이 굴곡진 해안과 섬에 서 있는 등대이다. 등대는 365일 약 1백만 번 불빛을 깜박인다. 그렇게 이름 모를 항해자의 뱃길을 넉넉한 가슴으로 밝혀준다. 안전한 항해를 위해 늘 그 자리에 서 있다. 아무 말이 없다. 그 어떤 소통의 조건도 강요도 없다. 그저 베풀 뿐이다.

등대는 자비와 배려, 모성애의 상징이다. 그런 등대 아래서 가부좌를 틀고 명상하며 내 마음을 정돈하고 번뇌를 치유한다. 등대는 지정학적으로 굴곡진 해안과 암석해안, 배가 드나드는 항구 등 바다가 펼쳐진 곳에 있다. 간간이 들여오는 뱃고동 소리, 갈매기 울음 소리, 파도 소리는 그대로 명상의 배경음악이다.

감은 눈을 살며시 뜨면 방파제등대 주변에 마실 나와 발발거리는 똥게, 풀게, 방게, 털게 그리고 갯강구는 낯가림이 심해 이방인을 보면 잽싸게 테트라포드 쪽으로 사라지곤 한다. 그때 혹시라도 녀석을 밟지 말기 바란다. 씨익~ 한번 미소를 지어주면 나그네 마음도 즐겁고 여유롭다. 작은 미물의 티끌도 온 세계를 이루는 일원이다. 그들의 길, 또 다른 나의 길이 더불어 해양 공간의 새로운 만남, 새로운 길을 트고 한 물결을 이루면서 아름다운 하나의 풍경이 된다. 그 풍경이 필름을 풀어내듯이 멋진 파노라마를 연출한다.

등대 여행 중 **빼놓을** 수 없는 한 장면이 무창포 바다이다. 무창포의 무창(武昌)은 조선시대 병사들의 식량을 보관하던 창고가 있어 유래된 지명이다. 무창포는 모세의 기적으로 불리는 석대도(石臺島)가 있다. 돌로 좌대가 놓인 것 같이 생겼다고 해서 붙여진 이름이다. 모세의 기적은 우리나라 남서해안의 바다가 갈라지는 해할(海割)을 말한다. 해할은 퇴적으로 쌓인 모래톱이 높아져 썰물 때 해저가 드러나는 현상이다. 남해안 진도군 모도(띠섬), 영광 상하낙월도, 완도 노화도와 노록도, 여수 사도, 변산반도 하섬, 화성 제부도 등이 그런 대표적인 해저지형이다.

오래전 그날이었다. 무창포에는 폭풍주의보가 내렸다. 어민들은 삭풍이 거세게 회오리친 바다에서 어선들을 마을 안쪽 포구로 안전하게 이동시키고 있었다. 나는 바닷가 벤치에 앉아 한동안 석대도를 바라보며 명상에 잠겼다. 얼마 후 바다는 파도와 바람끼리 아우성치고 부딪쳤고, 한 줌의 인간이 침묵한 사이에 온몸은 거세게 쏟아진 물보라에 젖었다.

순간, 저편 방파제 끝자락에서 두 눈을 깜빡거리는 빨간 등대와 조우했다. 등대는 안개 바다에 몰아친 파도더미를 뒤집어쓴 채, 불빛을 꺼뜨리지 않은 채 그대로 서 있었다. 나는 그 무언가에 홀린 듯 승용차를 운전해 방파제등대로 향했다. 조금 더 가까이에서 등대를 촬영하고 싶었다. 승용차 문을 열고 연신 셔터를 누르는 순간, 승용차가 뒤뚱거렸다.

시동이 꺼졌다. 아~ 이렇게 파도에 휩쓸려 결국 죽는구나 싶었다. 이미 넋이 나갔다. 얼마 후 해양경찰들이 승용차를 들고 나왔다. 해안가에서 뒤돌아본 그 등대는 여전히 물보라를 뒤집어쓴 채 불빛을 반짝이고 있었다. 온몸이 전율했다.

서해안 풍랑주의보에 묶인 또 하나의 섬 중 하나가 군산항에서 66㎞ 떨어진 절해고도의 어청도이다. 어청도(於靑島)는 "물 맑기가 거울과 같아", '어조사 어(於)', '푸를 청(靑)'자를 쓴다. 수심이 깊어 김, 미역, 다시마 양식이 불가능한 해역이다. 서해 망망대해를 항해하는 배들이 거센 바람을 만나면 반사적으로 피항하는 섬이 어청도다.

어청도는 봄이 오는 길목에서도 북서계절풍 영향으로 중국 대륙고기압이 거세 풍랑과 폭설이 잦다. 어청도는 기상변동이 아주 심한 탓에 인근 외연도, 연도까지는 일기예보가 어느 정도 맞지만, 어청도 기상예보는 잘 맞지 않는다. 바다 기상은 하루에도 여러 차례 변한다. 서울에서 군산항까지 내려갔다가 세 번이나 주의보 때문에 발길을 돌려야 했던 나는 그날 운 좋게 어청도에 들어갔지만 결국 풍랑주의보에 발이 묶이고 말았다.

나는 풍랑주의보에 갇히면서 카뮈의 "우주가 얼마나 큰 것인가를 가르쳐 주는 것은 거대한 고독뿐"이라는 말을 실감했다. 고독은 감내했을 때 비로소 그 심연의 고독이 어떻게 빛을 발하는 것인가를 체감한다. 그렇게 체득한 고독은 어느 시처럼 순결한 것이고 "스스로 자신을 감내하는 자의 의지"가 그 섬, 그 고독의 공간에 있음을 깨달았다.

그렇게 고독한 섬에서 사흘 밤을 보내면서 어청도야말로 명상하는 섬으로 제격이라는 긍정의 마음이 생겼다. 명상은 역시 나를 다스리는 과정이다. 그것은 지금, 이 시간을 보내면서 가능한 여정이다. 특히 어청도등대는 조망 포인트이자 좌선하고 명상하기에 제격인 해양 공간을 타고났다. 나그네는 석양 바다와 어우러져 한 폭의 그림이 됐다. 어청도등대는 우리나라 10대 아름다운 등대 중 하나이다.

어청도항 맞은편의 농배섬은 고니 서식처다. 희귀조류가 많아 조류학자 닐 무어스 등 유럽 철새탐조 여행객들에게 더 유명한 섬이기도 하다. 검은이마직박구리가 국내 최초로 발견됐고 희귀 철새 266종의 안식처다. 농배섬의 맞은편 해안절벽에서는 외연도가 보인다. 이곳도 명상하기에 안성맞춤인 장소이다.

망망대해를 무심히 바라보며 명상하는 시간, 이는 섬여행의 가장 큰 매력 가운데 하나이다. '바캉스'는 라틴어 바카레 (Vacare)에서 유래된 말이다. 바카레는 '아무것도 없는 상태', '비어 있는 상태', '자유로운 상태'를 말한다. 본디 바캉스는 조용히 나를 반추하는 일이다. 그러므로 진정한 바캉스는 일상생활에서 쌓이고 얽힌 내 마음을 비우고, 오직 우주에 존재하는 내 자신을 재발견하며 그런 나를 알아차리는 일에 집중하는 시간이어야 한다. 어떤 관계, 타자의 문제로부터 나를 떼어내, 주변 시선으로부터 완전히 벗어나야 한다. 그렇게 진정, 나를 들여다보는 것, 그런 명상 효과 때문에 해양치유여행을 떠난다.

## 내면을 응시하는 여행이 관광과 다른 이유

알랭 드 보통은 『여행의 기술(The Art of the Travel)』에서 "여행할 장소에 대한 조언은 어디에나 널려 있지만, 우리가 가야 하는 이유와 가는 방법에 대한 이야기는 듣기 힘들다. 실제로 여행의 기술은 사소하지도 않은 수 많은 문제들과 자연스럽게 연결된다."라고 말했다.

그는 자신의, 내면을 응시하는 여행은 관광과 다르다고 강조했다. 그는 여행지에서 만난 역사와 인물 스토리, 내면의 풍경과 수백 년 전의 그 길을 따라 예술가의 삶을 추적한다. 예술가와 작품, 여행지의 의미를 아우른다. 그런 면에서 여행은 산문이면서 예술 감상문이면서 새로운 눈으로 세상읽기다.

실제 『여행의 기술(The Art of the Travel)』에서 언급한 여

행 스토리에는 보들레르, 플로베르, 위즈워즈, 빈센트 반 고흐 등이 등장한다. 그의 여행기에는 문학과 그림, 철학자와 예술가들의 문장이 물결처럼 일렁인다. 파도처럼 다가와 뇌리에 부서지기도 하고, 아무 생각 없는 것처럼 펼쳐진 바다에 섬처럼 푸르게 일어나서 그 어떤 느낌이나 이미지를 재현하며 여행길을 걷게 한다. 그 길을 걷는 동안 우리는 자연과 작품 속에서 새로운 영감을 떠올리고 상상력의 나래를 활짝 펴면서 지혜와 깨달음, 새로운 생명력을 체득한다.

그런 지혜의 모티브들이 삶이란 무엇인가? 라고 반문케 한다. 그런 작품이 의미작용을 통해 새로운 눈을 뜨는 독자로서, 여행자로서 어떤 평가를 곁들이게 하고, 방랑길의 여행자에게 무한한 상상력과 이색 체험을 하고, 그런 느낌을 오밀조밀 엮여 내 마음을 치유하는 정서적 순환계로 활용한다. 그렇게 여행자는 자연 속에 살며시 녹아들고 스며든다. 자연과 거리감이 없다.

그렇게 해안길을 지나 섬의 숲길로 들어설 무렵에 불현듯 내 마음은 이런 멋진 문장과 연결되기도 했다. 장 그르니에 『섬』을 번역한 김화영 교수의 서문 '글의 침묵'이다.

"잠 못 이루는 밤이 아니더라도, 목적 없이 읽고 싶은 한 두 페이지를 발견하기 위하여 수많은 책들을 꺼내서 쌓기만 하는 고독한 밤을 어떤 사람들은 알 것이다./겨울 숲속의 나무들처럼 적당한 거리에 떨어져서 이따금씩만 바람 소리를 떠나보내고, 그러고는 다시 고요해지는 단정한 문장들. 그 문장이 끝나면 문득 어둠이나 무, 그리고 무에서 또 하나의 겨울나무 같은 문장이 가만히 일어선다. 그런 글 속에 분명하고 단정하게 찍힌 구두점./그 뒤에 오는 적막함, 혹은 환청, 돌연한 향기, 그리고 어둠, 혹은 무, 그 속을 천천히 거닐고 싶어 하는 사람들을 위하여 나는 내가 사랑하는 이 산문집을 번역했다. 그러나 전혀 결이 다른 언어로 씌어진 말만이 아니라 그 말들이 감동적으로 만드는 침묵을 어떻게 옮기면 좋단 말인가?" - 김화영, '글의 침묵' 중에서

　　나무들이 하나, 하나 서 있는 숲의 풍경을 은유적 기법으로 묘사한 문장기술이 놀랍다. 이 글은 오래도록 감동으로 일렁이고 있다. 책장을 넘기며 숲 속의 내가 있는 모습으로 명상에 잠기거나, 숲에서 두 눈 지그시 감고 이 아름다운 문장을 되뇌이며 그 향기에 젖어들곤 했다. 결국 가야할 여정, 지나쳐온 여정의 교집합을 알아차림 후 나의 인생이란, 죽을 정도로 무겁거나 버거운 일도 아니며 내가 걷는, 어느 기항지를 향해 항해하는 수많은 길 중 하나임을 깨달았다.

그러면서 터키 혁명시인인 나짐 히크메트(Nazim Hikmet)의 '진정한 여행'이라는 시를 떠올리기도 했다.

　　"가장 훌륭한 시는 아직 씌어지지 않았다/가장 아름다운 노래는 아직 불려지지 않았다/최고의 날들은 아직 살지 않은 날들/가장 넓은 바다는 아직 항해되지 않았고/가장 먼 여행은 아직 끝나지 않았다/불멸의 춤은 아직 추어지지 않았으며/가장 빛나는 별은 아직 발견되지 않은 별/무엇을 해야 할지 더 이상 알 수 없을 때/그때 비로소 진정한 무엇인가를 할 수 있다/어느 길로 가야 할지 더 이상 알 수 없을 때/그때가 비로소 진정한 여

행의 시작이다"

그렇다. "무엇을 해야 할지 더 이상 알 수 없을 때/그때 비로소 진정한 무엇인가를 할 수 있다". "어느 길로 가야 할지 더 이상 알 수 없을 때/그때가 비로소 진정한 여행의 시작이다"

　그렇게 지금, 어느 길로 가야 할지, 어느 섬, 어느 바다, 어느 등대로 가야 할지 더 이상 알 수 없을 때 무작정 훌쩍, 섬여행을 떠나자. 『임제어록』에 나오는 수처작주 입처개진(隨處作主 立處皆眞)의 뜻을 돼새김질하면서 말이다. "머무르는 곳마다 주인이 되라. 지금 있는 그곳이 바로 진리의 세계, 깨달음의 자리이다."

# 제2장 해양 공간에서 나를 치유하는 것들

**자연치유력과 플라세보 효과…스트레스, 우울증, 불면증 치료**

일부 의료계에서 명상기법을 적용하기도 하지만, 대부분 의료체계 환경에서 국민 생활에 익숙한 치유 과정과 거리가 있다. 급속한 기술 발전으로 의료기술은 첨단이라는 표현에 걸맞게 발전했다. 그러나 진료와 수술의 기술적 혁신만큼 환자의 본질을 이루는 인간성의 문제에는 많이 소홀해지고 있는 실정이다.

첨단 의료기술이 질병 진단과 치료에 매우 유용한 게 사실이지만, 치료 과정은 인간을 물질화, 비인격화 경향을 부추겼다는 지적이 많다. 환자가 기계 수준으로 전락하고 아픈 부위가 돈으로 치부되는 경향성이 두드러졌다는 비판이 많다. 환자, 즉 인간은 불안과 희망을 넘나들며 감정과 감각 기관을 통해 치유의 길을 갈 수 있는 주체성과 생명력을 가진 실존자들인데도 말이다.

웨인 조나스는 "이른바 '진료 행위별 수가제' 아래 환자 한 명당 수가가 그리 높지 않기 때문에 환자 한 명당 진료에 배당하는 시간이 짧을 수밖에 없다"면서 "이런 시스템 아래서 환자들이 최신 과학에 입각한 최고의 치료를 받을 수가 없다."고 말했다. 그는 "의사들이 검증된 중요한 정보들을 발췌할 시간이 없거나, 최신 연구에 대해 전혀 모르거나, 알아도 진료에 적용할 시간이 없다"고 통렬히 비판했다.

그는 "의사들 대부분이 분과 전문의들인데 의대를 졸업한 순간부터 각 분과 전문지식으로 단단히 무장한 채 일선에 나선다."면서 "환자가 아픈 이유를 각 분과로 환원할 수 있다면 문제가 없지만, 대부분 건강 문제는 우리의 몸, 마음, 영혼을 포함한 존재 전체와 관련이 있고, 특히 스트레스와 라이프스타일에서 비롯된 문제인데 체계적, 종합적 진료 행위를 하는지 회의감이 든다"고 지적했다.

스트레스와 라이프스타일에서 비롯된 우리 몸, 마음, 영혼을 자연치유력으로 해결하는 방식에 관한 연구 결과를 엮은 책 중의 하나가 이쿠타 사토시의 『먹거리로 높이는 자연치유력』이다. 저자는 머리말에서 "질병에서 회복하는 데는 자연치유력이 주된 수단이고 치료와 약은 보조 수단"이라면서 "많은 의사와 환자는 치료와 약이 주된 수단이고 자연치유력은 보조 수단이라는 잘못된 사고방식에 젖어 있다"고 주장했다.

그는 미국 의학회조차 현대의학으로 미국에서 매년 약 10만 명의 사망자가 발생한다는 사실을 인정했다고 말했다. 저자는 미국 국가보험국의 2007년 조사를 인용하며 미국 성인의 38%가 1년 동안 대체의학 치료로 8300만 명이 우리 돈으로 환산할 경우 34조 원을 대체의학 치료에 지불했으며 많은 의과대학 커리큘럼에 대체의학 치료 과정이 포함돼 있다고 설명했다.

그는 자연치유력을 향상시키고 현대의학에서 대체의학으로 옮겨가는 현상이 시작됐다면서, 대체의학은 현대 서양의학 이외 의학과 치료를 말하는데 한방, 침구, 지압, 아로마테라피, 보조영양제, 허브요법 등이 포함된다고 설명했다.

아쿠타 사토시는 뇌, 면역계통, 내분비계통은 삼위일체라고 설명했다. 신체에 이변이 발생하면 뇌는 신경전달물질을 내보내 호르몬을 방출하는 내분비계통과 면역계통에 영향을 준다. 내분비계통은 호르몬을 방출하여 뇌와 면역계통에 영향을 준다. 그 영향을 받은 면역계통은 사이토카인을 방출해 뇌와 내분비계통에 영향을 준다. 사이토카인은 면역체계가 가동될 때 분비되는 면역 물질을 말한다.

이렇게 면역계통에서 만든 사이토카인이 뇌에 전달돼 사람의 심리상태가 변한다. 면역계통이 약해지면 신체의 방위력이 약해지고, 질병에도 쉽게 걸린다. 결국 면역계통의 강도는 사람들의 심리상태와 긴장 정도에 따라 좌우된다는 점을 강조했다.

면역계통은 적혈구와 백혈구 등 세포로 구성돼 있는데, 영양, 운동, 휴식이 충분해야 제 실력을 발휘한다. 그러므로 심리상태, 운동, 휴식, 영양, 유머와 웃음은 건강에 없어서는 안 되는 대단히 중요한 요소다. 따라서 저자는 슈퍼치유력(초치유력)은 어떤 환경에서 특별한 신호를 받았을 때 뇌 속의 '특별한 약국'을 활성화함으로써 발생하고, 컨디션을 극적으로 개선시킨다는 것.

이 슈퍼치유력은 플라세보 반응의 극단적 사례이기도 하는데, 이런 사례를 보더라도 사람은 희망에 살고 실망에 죽는다고 말했다.

이 대목에서 실존주의 철학의 창시자로 불리는 키에르케고르 말이 떠올랐다. "희망은 가능성에 대한 정열"이라는 말이다. 그런 희망으로 가는 여정에서 나의 심리상태, 운동, 휴식, 영양, 웃음, 민간요법 등은 나를 치유하는 중요한 요소이자 수단이다.

실제로 나는 이런 치유력을 체험했다. 어느 날 가파른 카페 계단에서 넘어져 그만 어깨뼈에 금이 갔다. 곧바로 국내 5대 병원으로 불리는 한 대학종합병원 응급실로 갔다. 그런데 의사는 아무 이상이 없다고 말했다. 다음날 나는 다시 인근 정형외과를 찾아 CT촬영을 했고 어깨뼈에 금이 간 채 한쪽이 부러졌음을 알았다. 그 더운 여름날 붕대를 칭칭 감고서 외래진료를 다녔다.

그러던 어느 날 나는 의사에게 물었다. "원장님? 이웃 친지가 뼈를 잘 붙게 하는데 홍아씨(紅花 씨앗)이나 돌가루가 효용이 있다는데, 병원에서 준 약과 함께 복용해도 괜찮을까요?" 의사는 웃으면서 "그 돌가루 먹어서 어깨가 나으면 전국의 정형외과가 다 망했게요?"라며 핀잔을 줬다.

그러나 나는 이웃 할머니 얘기대로 경동시장에 가서 그 산골 돌가루를 사다가 먹기 시작했다. 그리고 2~3주 후에 병원을 방문했다. 원장 의사는 CT촬영 사진을 보여주면서 "이렇게 빨리 뼈와 근육이 잘 붙는 경우가 드물다"라면서 "치료가 잘 되었어요. 마치 찹쌀떡처럼 끈끈하게 붙어있네요"라고 웃었다.

훗날 나는 그 돌가루 이름이 산골이라는 것을 알았고, 『동의
보감』에도 뼈가 부러진 데 좋다고 나와 있음을, 어혈을 흩어주고
통증을 멈추게 한다고 기록돼 있음을 알았다. 당시 어깨뼈가 근
육과 맞닿으면서 많이 간지러웠다. 물론 플라세보 효과도 영향을
미쳤을 것이다. 환자에게는 상태가 좋아질 것이라고 생각하는 그
런 믿음이 크게 작용했을 수 있다는 것이다.

신약 개발 과정에서 임상시험을 할 때, 어떤 환자에게는 신
약을, 다른 환자군에는 플라세보 효과를 고려한 위약(가짜 약)을
투여한다. 그 결과를 비교해 신약 효과를 검증한다. 그런데 이
위약도 실제로 약효를 낸다는 연구 결과가 나왔다. 분명 '심리적
약효'를 무시할 수 없는 방증이다.

<중앙일보> 신성식 기자는 2023년 7월 5일자 "눈도 속인
가짜약…100만 명 앓는 녹내장 '플라세보' 통했다" 제목의 기사
에서 서울대병원 안과 김영국 교수 연구팀(충남대병원 최수연 교
수, 제주대병원 하아늘 교수)이 2022년 6월까지 발표된 녹내장
안약 치료 관련 임상시험 논문 40개의 위약 그룹만 따로 떼내
분석한 결과를 보도했다.

이 연구 결과 위약군 환자의 안압이 투약 2개월 후 1.3
mmHg 줄어든 것으로 나타났다. 연구팀은 위약 그룹과 비치료
환자 그룹을 비교했는데 위약군의 안압이 2.27mmHg 줄었다.
치료 전 위약 그룹의 평균 안압이 22.7mmHg인 점을 고려하면

5.7~10%의 안압 감소효과가 있었다.

특히, 플라세보 효과를 통한 위약 효과는 우울증, 통증, 천식, 파킨슨병, 관절염 등 다양한 질병과 증상에서 임상시험을 통해 입증됐다고 보도했다. 연구팀의 서울대병원 안과 김영국 교수는 "플라세보 효과는 낙관적인 믿음이 실제로 긍정적인 결과를 가져오는 대표적인 경우"라면서 "진료 현장에서 녹내장 안약을 이용한 안압 감소 치료가 상당한 위약 효과가 있다고 인식할 수 있기를 기대한다."라고 말했다.

의료시설이 빈약한 시절에 어른들은 불쾌한 증상이 발생하면 없어질 때까지 가만히 누워 참고 있었다. 그러나 요즘 참을성 없는 현대인들은 두통, 발열, 염증 등 자연스러운 생리적 변화에도 불쾌한 순간을 참지 못한다. 바로 약국이나 병원을 찾아 진찰을 받고 약사와 의사는 약을 처방한다. 그러나 자연치유력 전도사 역할을 하는 약학박사 아쿠타 사토시는 함부로 항생물질을 사용하면 내성균이 생긴다면서 스스로 자연치유력을 더욱 활용하는 아이디어를 짜낼 것을 주문했다.

특히 갱년기 장애는 질병이 아닌데도 무조건 약국과 병원을 찾는 습관성을 지적했다. 갱년기 장애는 자연스럽게 발생하는 생리현상인데도, 현대의학은 이런 증상에 병명을 붙이고 제약회사는 대학교수들을 이용해 이를 복용하면 울컥한 기분, 불면증, 초조감 등 증상을 억제할 수 있고, 협심증과 심근경색을 보호할 수 있다고 주장한다고 비판했다.

아쿠타 사토시는 갱년기 증상은 남녀 모두의 문제인데, 여성 폐경이 인생의 커다란 전환점이고, 규칙적 생리가 없어지면 더 이상 여성이 아니라고 낙담하는 경향이 많다고 지적했다. 여성이 남성에 비해 시간적으로 여유로운 경우가 많아 사소한 일에도 신경을 쓰는 경향 탓에 이런 현상이 벌어진다고 말했다.

유튜브 '이시형TV'에 출연한 조병식 자연의원 원장은 "현대의학의 한계를 느끼고 다른 방법을 찾던 중 자연의학을 만났다"면서 "인체를 스스로 치유할 수 있는 능력이 자연치유력"이라면서 "자연치유력을 활용해 정상적인 상태로 만들면 암과 만성신부전증을 비롯한 난치성 질환들도 호전되는 임상경험이 많다"고 말했다.

이시형 박사는 중장년층의 건강 상태 확인법으로 면역력이 약해지는 징후를 찾아내는 것이라면서 구내염에 자주 걸리는지, 감기에 자주 걸리고 낫는 데 시간이 오래 걸리는지, 거친 피부와 염증이 잘 생기는지, 상처가 잘 나고 상처나면 오래 가는지, 설사와 변비가 잦은지, 수면 이 부족한지, 몸이 찬지, 우울한지, 소화가 잘 안 되는지 등을 체크해보라는 것이다.

이 박사는 "문제 원인은 환자 자신이 가장 잘 안다. 이를 교정해야 할 사람은 바로 환자 자신"이라면서 "인간에게는 저마다 자연치유력이 내재돼 있다. 조상 대대로 전해온 지혜를 끄집어내고 몸 안의 자연치유력이 발휘될 수 있도록 노력해야 한다"라고 말했다.

이시형 박사는 면역에 있어 가장 중요한 것이 먹거리라면서 따뜻하고 좋은 물, 항암효과가 증진된 생리활성물질(비타민E, 베타글루칸-감자 버섯 해초, 오메가3), 장을 튼튼하게 하는 영양소(올리고당, 장을 부드럽게 하는 마그네슘), 비타민 C(장 운동, 항산화 작용), 비타민 D, 글루타민 함유식품(날고기 어류, 육류, 날계란, 발아대맥-장 면역력 강화), 초유(면역물질 가장 많이 함유), 면역세포를 구성하는 단백질, 셀레늄, 아연, 비타민, 불포화지방산 등을 잘 챙겨 먹으라고 설명했다.

## 섬여행의 특권, 자연치유와 싱싱한 제철음식 효과

섬 곳곳을 여행하면서 지천에 널린 약초를 접하고, 조상 대대로 전해지는 시골사람들의 장수비결과 자연치료법 등을 자연스럽게 들을 수 있다. 현장에서 직접 눈으로 보고 맛보고 느낄 수 있는 특전과 길라잡이 역할을 해주는 동행자들의 건강 식습관 트렌드를 쉽게 접할 수 있다.

이처럼 해양 공간에서 즐기는 여행자의 특권 중 하나가 먹거리를 통한 생활 치유와 치료 체험담이다. 그렇게 금수강산 삼천리 곳곳에서 우리 고유 식품들이 생명력과 에너지를 듬뿍 안고 나그네를 기다린다. 일례로 들판에서 풋고추를 따서 그대로 고추장에 찍어 먹고, 깻잎과 상추를 따서 갓잡은 회에 싸먹는다. 해안길을 걷다가 갈증을 느끼면 들녘의 새파란 조선무를 캐 돌부리에 한번 내친 후 아삭아삭 씹어 먹으면 섬유질과 칼륨, 칼슘, 석회질이 우리네 건강을 달래준다. 뼈와 인대와 힘줄을 지키는 데 명약으로 알려져 있다.

바닷가에서는 전국민의 사랑을 받는 바지락도 쉽게 맛볼 수 있다. 바지락은 지방 함량이 적어 칼로리가 낮고, 철분과 칼슘이 다량 함유돼 빈혈 예방, 뼈 건강에 도움이 되는 건강한 다이어트 식품이다. 타우린도 풍부하여 바지락을 넣은 국이나 탕을 먹으면 숙취해소에도 좋다.

우리나라에서 연간 약 20만 톤 이상 생산되는 멸치는 1년 내내 국민들로부터 사랑받는 수산물 가운데 하나이다. 회나 멸치 쌈밥은 멸치의 진수를 느끼게 한다. 멸치는 '칼슘의 왕'으로 불리며 골다공증 예방과 관절염 예방에 탁월한 비타민D가 풍부하며, DHA와 EPA 같은 오메가-3 지방산도 많아 혈전 생성을 예방하는 것으로 알려져 있다.

무더운 여름철에는 건강 보양식으로 팔딱이는 힘이 생명인 장어와 비타민과 아미노산을 풍부하게 함유한 전복을 맛볼 수도 있다. 또한 우리네 식탁에서 가장 친근한 음식 중 하나가 김이다. 열량과 나트륨 섭취를 줄이기 위한 반찬으로 이만한 게 없다. 다양한 효능까지 갖춘, 그야말로 웰빙식품. 김에 다량 함유된 아이오딘은 두뇌발달과 지능발달에 도움을 주는 것으로 알려져 있다. 이밖에도 다양한 횟감과 수산물들이 삼면인 바다인 우리 어촌과 해안 길에 널려 있다.

해양치유여행은 이처럼 잠시나마 가공식품을 떠나 예로부터 우리 시골에서 만났던 사계절 제철 음식 섭취를 통해 생활 속의 자연치유와 자연 환경에서 맞는 건강 치료효과도 톡톡히 볼 수 있다. 이런 여행을 통해 건강 식습관을 고치는 경우가 많다. 섬

사랑시인학교 보길도 캠프에 참여했던 어느 여류시인은 상경 후에도 어촌에서 직접 잡은 멸치, 김, 미역 등을 정기적으로 주문해 먹고 있다.

앞서 소개한 아쿠타 사토시는 한국의 안현필 씨가 죽음의 질병으로 여기던 결핵을 의사 도움 없이 혼자 힘으로 완치시킨 이야기를 전했다. 안 씨는 죽음의 늪에서 살아 돌아와 우리에게 영어 선생으로 널리 알려졌지만, 자연건강법 연구자로도 활발하게 활동했다. 당시 두 형들은 최첨단 현대의학에 의존해 치료를 받던 중 결핵으로 사망했다.

그는 돈이 없어 약 복용과 치료를 받지 못했지만 살아났다. 그 원인은 신선한 공기 흡입과 규칙적인 생활, 휴양 때문이었다. 비타민과 식이섬유가 풍부한 현미를 먹으면서 면역력을 키웠다. 온천수로 체온을 유지하고 수영을 통해 따뜻한 혈액을 전신에 순환케 했다. 그는 최악의 단계에서도 포기와 절망 대신, 희망과 인내, 용기를 통해 결핵과 투쟁했다. 그에게 희망은 두뇌를 활발하게 하여 교감신경과 부교감신경의 균형을 회복시킨 결정적인 역할을 했다. 그렇게 그에게 희망은 슈퍼치유력을 향상시키는 진정한 원동력이었다.

## 바닷길 숲길 걸으며, 나를 치유하는 '가치(value)' 찾기

세스 J. 길리한은 『내 마음 내가 치유한다』라는 제목의 책에서 현재 순간에 주의를 집중함으로써 심리적 고통을 줄일 수 있는 '마음챙김'을 소개했다. 그는 이 책에서 1970년대 분자생물학자존 카바진(Jon Kabat Zinn)이 수천 년 수행해온 마음챙김 기반의 스트레스 감소(Mindfulness- based stress reduction)라는 프로그램을 검증해 자료를 공개했다.

미국 성인 29%가 공포증(12%), 사회불안장애(12%), 범불안장애(6%), 공황장애(5%) 등 불안장애를 겪으며 살고 있다. 여성이 남성보다 우울과 불안을 70% 이상 더 겪었다. 약 8%는 매우 강력한 분노로 이어져 심각한 문제를 초래했는데, 남성의 비율이 여성보다 조금 높았다.

저자는 나를 치유하기 위해 먼저 나에게 중요한 것들의 '가치(value)'를 찾아내 행동으로 실천하기를 권했다. 가치는 종착점이 없다. '~해나가기/되어가기(ing)'를 위한 지속적인 실천이 필요하다고 말했다. 이를테면 좋은 친구 '되기', 자연에서 시간 '즐기기', 세상을 '배우기' 등 가치 있는 행동 목표를 세운 후 구체적인 활동으로 가치의 목표에 도달할 때까지 행동하라는 것이다.

이러한 과정을 통해 나를 분석하고 문제를 끄집어내 '바른 생각'을 하고 창조적인 아이디어 생산을 통해 자신만의 독창적 과제를 완수함으로써 성취감을 맛본다. '바른 생각'은 정견(正見)이다. 이 책 뒤편에서 자세히 설명하고 있는 명상의 일종이다. 명상하는 노력을 통해 먼저 자신의 활동을 기록하고 이를 추적하며 점검하는 작업이 필요하다.

그런 명상법 중 하나가 매일 단톡방, 블로그 등을 통해 7가지의 감사의 일지를 기록하는 습관을 기르면 좋다. 누군가에게 알리는 것은 자신에 대한 책임감과 긍지를 체득하기 위함이다. 우리네 마음과 기분은 단 하나의 실망스럽고 번잡한 일들을 어떻게 받아들이고 해석하느냐에 따라 달라진다. '의미부여'이다. 김춘수 시인의 시 '꽃'처럼 "내가 그의 이름을 불러주었을 때/그는 나에게로 와서/꽃이 되었다"처럼.

이런 명상의 바탕을 이루는 사유 습관은 어떤 대상을 보고 듣는 것 이상으로, 그것을 측정할 수 없는 것들에 대해서도 믿기 힘든 힘을 발휘한다. SNS와 인터넷 공간을 통해 명상 수련을 하면서 관련 정보를 습득하고, 어제의 나와 오늘의 나를 비교하면서 마음챙김 습관을 갖는 것이다. 이러한 수련, 수행 과정이 내 몸에 익을수록 그만큼 일상생활에서 나의 삶은 더 여유롭고 세상을 바라보는 시야도 넓어진다.

명상의 기준은 모든 문제가 나로 말미암음에서 비롯된다는 점이다. 호수처럼 고여있는 물은 우울증을 더 키운다. 채근담에서는 "고요함 속에서 고요한 것은 참다운 고요함이 아니고 움직임 속에 고요함을 터득해야 천성의 참다운 경지"라고 말했다. 계곡, 강, 바닷가는 뷰가 좋은 명당으로서 대접받지만, 거개 호숫가에 집을 짓지 않는 이유는 마음이 정지돼 우울증 등을 더 키우는 자연환경 탓이다.

명상여행에서 해안절벽을 거세게 몰아치는 물보라를 바라보면, 어떨 때는 참 많은 말과 생각, 힘든 몸의 기운들이 속으로 쌓이고 짓눌렸다가 마침내 그 속울음을 토해내는 것처럼 보인다. 어떨 때는 힘차게 허공으로 솟구쳐 올라 산산이 번뇌를 깨치는 것처럼, 그렇게 다시 수평의 바다로 돌아가는 카타르시스의 여정처럼 보인다. 그렇게 모든 것은 부서지는 찰나에서 끝나고, 그 끝이 바로 시작임을 체득한다.

세스 J. 길리한은 "우리 마음이 그 자체 마음을 지닌 것과 같다."라면서 "우리 생각이 불필요한 고통을 일으키는 것과 마찬가지로, 그것은 또한 우리가 치유되도록 도와줄 수도 있다."라고 말했다. 다시 말해 고통이 고통을 해결한다는 것. 최후 단말마 같은 그 밑바닥, 마지막 절망이 희망의 시작인 것처럼 말이다.

그렇게 나는 섬과 바다라는 해양 공간에서 부서지는 파도를 바라보며 지난한 뒤안길을 돌아보곤 했다. 수없이 넘어지고 일어서는 파도에서 나를 만났다. 나를 보았다. 허공에 물보라처럼 나의 번뇌와 집착이 산산이 부서지는 것을, 그렇게 내 인생은 부서지고 비우면서 더 아름다울 수 있음을 알았다.

나는 조각난 그 물보라 속에서 때로 사리처럼 반짝이는 햇살을 만났고, 자유로운 갯바람의 조화로운 풍경을 보았다. 어우러짐으로 통일성을 이룬다는 이른바 앙상블(ensemble)의 미학을 실감했다. 그런 하모니에 젖어 드는가 싶을 때 사라지는 파도, 그 찰나가 나의 새로운 길의 시작임을 깨달았다. 이런 풍경은 그 이미지와 내 호흡이 집중될 때 바로 보인다. 그것이 호흡 명상, 집중 명상이다. 그런 순간마다 삶의 지혜를 일깨워준 바다에 늘 감사하는 마음으로 벅찼다.

세스 J. 길리한은 "과거의 일들을 되새김질하는 것은 더 이상 우리가 통제할 수 없는 것들에 대해 정신적 고통을 겪고 후회하게 될 뿐"이고 "미래에 집중하는 것은 걱정과 불안을 초래하고, 그런 것들 대부분은 결코, 일어나지 않을 일들"이라고 말했다. 이는 명상의 핵심을 말한 것이다. 집착은 과거에 얽매인 탓에 생긴 것이고, 자꾸 그 집착에 빠진 탓에 오지 않은 내일의 일까지 미리 짐작하면서 걱정, 불안, 초조, 우울, 스트레스가 쌓이고 내 몸과 마음은 더욱 힘들고 절망하거나 무기력한 상태에 빠진다. 그래서 명상은 그 과거를 털고 지금 이 순간에 집중하기 위한 수단이고 과정이다.

그러니 지금, 이 순간의 찰나, 일생에 한 번뿐인 찰나의 경험을 놓치지 말아야 한다. 그것은 지금, 이 바다에서 물보라 치는 아름다움, 신성함, 허공에 터지는 함성의 의미와 상호작용에서 전율하라는 것이다. 그런 느낌, 사유를 공유하고 공감하는 것이다. 그렇게 현재의 눈으로, 내 마음자리를 찾아가는 것이 마음챙김이고 명상이다. 그런 줄기찬 마음챙김은 과거와 미래에 대한 집착으로 말미암은 저항이나 분노가 지나가게 하고, 그렇게 사라진 후에 내 마음자리는 아주 맑고 밝아지는 것을 실감한다.

분명, 저 푸른 바다, 푸른 섬, 푸른 숲은 건강과 내 마음을 닦아주는, 그지없는 명상 포인트이다. 보다, 푸르른 지역에 살거나, 일부러 그런 자연을 찾아가는 것이 정신 건강에 아주 효과가 뛰어나다는 연구 자료도 있다. 이안 앨콕(Ian Alcock)과 공동 연구자들은 보다, 푸르른 지역으로 이주한 사람들의 정신 건강이 전보다 향상됐고 3년간의 그들을 삶을 추적하여 관찰한 결과, 개선 효과가 그대로 유지되고 있었음을 확인했다고 밝혔다.

산림청 국립산림과학원이 2022년 10월 6일 출입 기자들에게 발표한 자료에서도, 숲속을 걷거나 앉아서 풍경을 바라보기만 해도 몸의 염증반응이 완화되고, 스트레스 지수가 낮아진 것으로 나타났다. 특히 숲길 걷기가 우울증과 불안증세 완화에 큰 도움을 줬다고 설명했다.

『식물의 위로』저자 박원순 씨는 반려식물과 함께 살아가는 일 자체가 아주 근사한 라이프스타일이라면서, 삶의 중요한 가치를 추구하는 방편 중 하나가 식물과 함께 하는 삶이라고 설명했다. 그는 정성껏 길러 한 번씩 꽃을 보는 기다림의 미덕을 배울 수 있고, 매년 꽃을 피우기까지 적당한 거리에서 믿고 기다려주는 일은 삶의 진정, 의미 있는 여정이라고 마음치유 효과를 설명했다.

그는 사계절 꽃을 보면서 자연스레 삶에 대해 긍정적이고 좋은 일을 예감하는 마음이 생겼고, 이런 과정에서 행복 호르몬으로 불리는 세로토닌 분비가 촉진된다고 말했다. 특히 초록색을 보는 순간 스트레스 호르몬인 코르티솔을 낮추고 마음이 편안해지고 집중력을 높여준다고 말했다. 일에 집중이 잘 안 될 때 허브 잎을 살살 문질러 향을 맡거나 차와 칵테일에 넣어 마시면 도움이 된다고 설명했다.

실제로 마음 치유 명상법에서는 미술 치료, 색채 치료, 색채 명상, 색채 심리학을 활용하기도 한다. 색채 심리학 이론에 따르면 녹색은 스트레스 해소, 집중력 강화, 심신안정, 혈액순환 등에 도움이 된다. 심리적 자극을 주지 않아서 신경과 근육긴장을 완화해 주고 평온한 마음을 가져준다.

와인색, 빨간색은 감각신경을 자극해 후각, 시각, 청각, 미각, 촉각 등 오감 작용을 활발하게 한다. 이로 인해 혈액순환과 교감신경계를 활성화한다. 그렇게 우울증 해소와 생활의 활력소를 더한다. 다만 감정 장애, 고혈압, 고열, 신경염, 정신질환 등에는 지나친 자극이 피해를 유발해서 병원에서는 이 색을 지양하고 있는 점을 참고하자.

노란색은 교감·부교감신경을 자극하고 위벽을 자극해 소화를 촉진한다. 자아 형성과 뇌의 정보처리 기능을 촉진하는 역할을 한다. 욕실에 노란색 타일을 활용하거나 노란색 타월을 걸어두면 마음이 밝아지고 변비 해소에 도움이 된다. 당뇨·소화 불량·신장 질환에도 효과적이다.

오렌지색은 한의학에서 '비장'을 뜻하는 색깔로써 신체 활성화에 좋은 것으로 알려졌다. 비장은 주먹만 한 크기로 혈액의 성분들을 걸러주는 기관을 말한다. 아드레날린 분비를 활성화, 만성피로와 무기력증 치유에 좋다.

보라색은 정신질환을 완화하고 백혈구 수를 늘려 주는 데 효과가 있다. 자주색은 우아한 느낌으로 다이어트에 좋다. 심장 활동을 편안하게 해준다. 불면증이 있다면 침구와 소품을 자주색으로 꾸미면 편안한 휴식과 숙면에 도움이 된다.

색채 심리학 치유 방법에서는 사람의 성격과 체질을 네 방위로 구분해 활용하는 방식을 설명한다. 소음인은 북쪽(겨울), 태음인은 서쪽(가을), 태양인은 동쪽(봄), 소양인은 남쪽(여름)에 해당한다.

소양인에게는 푸른색 계열이 어울린다. 소양인은 외향적이고 명량하고 재치가 있고 판단이 빠른 성격으로 해석한다. 정서적으로 마음을 느긋하면서 스트레스 해소에 좋다. 푸른색은 시원한 느낌을 줘서 해양 공간을 안정감을 찾는 방편으로 삼는 이유다. 레저, 여행길을 떠날 때는 아웃도어 색상을 이런 성질을 고려하면 좋을 것이다. 의도적으로 와인색 계통으로 돋보이게 하는 센스도 여행자의 독창적 스타일을 연출하는 방식일 수 있다.

소음인은 몸이 찬 경우임으로 붉은색 계열이 어울린다. 소음인은 체격이 작고 아담하며 얼굴이 단아한 경우가 많으며 대개 얌전한 편이다. 조용하고 깔끔한 분위기를 좋아하고 소극적이고 내성적인 성격의 소유자가 많다. 대신 사색을 좋아해서 섬과 바닷가에 조용히 명상을 즐기기에 제격인 유형이다. 추위에 약해 붉은색 계통이 좋다. 밝고 따뜻한 느낌을 체감하는 장점이 있다.

태음인은 흰색이나 노란색을 좋아한다. 대체로 덩치가 크지만, 겁이 많은 편이고 동적인 것을 싫어한다. 그래서 여행길에 나서면 움직이는 것을 싫어하고 큰 변화를 싫어하는 경향이 많다. 이런 유형은 간 기능이 왕성하고 폐 기능이 부족한 경우가 많다고 한다. 따라서 섬과 바다에서 느긋하게 좀 더 여유로운 마음으로 일상에서 눌러둔 마음을 훌훌 털어내려 노력하는 필요하다.

태양인은 기가 센 편이다. 검정색, 녹색이 어울린다. 외향적이지만 말수가 적은 편이다. 상체는 건장한 편이지만 하체가 빈약한 체질인 경우가 많다. 등산, 둘레길 걷기 등을 싫어하는 편이다. 자기 주관이 뚜렷해 도전적이고 긍정적인 경우가 많은 편이다. 그러니 역설적으로 푸른 파도가 출렁이는 섬과 바다로 떠나는 과감한 도전, 그런 여행길이 필요하지 않을까. 이왕이면 섬산악 여행을 통해 숲길을 걸으며 능선길을 걸으면서 동서남북으로 펼쳐진 푸른 바다를 조망해보자. 내 몸에 기운을 북돋아 주고 지친 현실과 이를 다독이는 자연과 함께 적극적으로 호흡하는 용기가 필요하다.

색을 통해 사람의 성질을 파악하고 그 성질에 따라 우리 주변 환경을 맞추려는 노력은, 우리네 마음이 늘 요동치는 탓이다. 그래서 맑은 공기와 툭 특인 해양 공간을 통해 나를 위로하고 새로운 나로 무장하기 위한 마음 수련의 여정이 더욱 필요하다. 내 마음은 늘 변하고 그러다 보니 무언가를 늘 붙잡으려고 한다. 마음이 한결같으면 문제가 생기지 않는데, 내 마음은 '관계'에 따라 작은 바람에도 일렁일렁 흔들린다. 그러나 알고 보면, 진정 '관계'의 문제가 아니라 내 마음이 한자리에 머물지 못한 탓이다. 그러니 '관계' 없는 자연으로, 텅 빈 마음의 나만의 치유 여행을 떠나자.

## 해양치유여행은 사유와 지혜의 힘을 확장하는 여정

김상운의 『거울명상』에서는 억눌린 무의식과 부정적 감정들을 이렇게 설명하고 있다. "생각은 살아 있다. 생각은 생각을 낳고, 계속 꼬리를 물고 이어진다. '난 사랑받지 못한다'라는 생각은 억눌 릴수록 점점 커지면서 '사랑받지 못하는 나'라는 인격체로 굳어 진다. 이 인격체는 남들한테 사랑받지 못할까 봐, 인정받지 못할 까 봐 두려움에 떤다."

그는 "그래서 부정적 감정들이 생긴다. 이런 감정들이 억눌 러 무의식에 갇힌다. 무의식 속에 수많은 부정적인 감정들이 억 눌려 있다. '몸이 나'라는 착각 탓에 억눌린 감정들이다."라고 설 명했다. 잘못 끼워진 단추, 바꿔끼우면 될 것을, 잘못 끼워진 단 추를 전제로 하여 부정적 감정과 잘못된 생각으로 쌓인 무의식과 만나 축적돼 더욱 견고해진 고정관념, 편견, 미움, 분노감을 키운 다는 것이다. 그렇게 스스로 쌓은 업보를, 스스로가 문제가 있다 고 탓하면서 자괴감과 불안감을 키운 것이다.

저자는 필요도 없는 고물을 자꾸만 주워 온 경우를 소개했 다. 그 이유는 어린 시절에 너무나 가난한 탓이었기 때문. 그 시 절에 세상으로부터 버림받았다는 느낌이 성장하면서 내 마음을 떠나지 못하고 피부에 바짝 붙어살게 했다는 것. 결국 껍데기로 굳어질 정도에 이르렀고, 다른 뭔가를 붙잡아야 한다는 생각은 고물을 버려선 안 된다고 집착하기에 이르게 했다고 설명했다.

이처럼 사람들은 저마다 인생살이에서 무의식적으로 억눌려 있는 감정들을 오래도록 떠안고 살아가는 경우가 많다. 우리 몸 속의 좁은 공간에 생각이 쪼그라들면 혈관도 좁아지기 마련이다. 마음의 공간이 좁아진 까닭에 어떤 생각이나 감정도 불안하고 정 서적으로 정적일 수밖에 없다. 열려야 할 문은 빗장으로 채워져 있고 마음은 껍데기로 단단히 굳었다. 그래서 움직임이 불편하다. 자꾸 웅크린다. 그래서 생각도 바위처럼 굳어지고 결국 몸과 마음은 고통스럽다.

이를 치유하는 과정이 명상이다. 그런 고통스러움은 치유의 과정을 거치지 않음으로써 더욱 부정적 바이러스를 양산하며 자라난다. 머뭇거리지 말고, 주저하지 말고, 무작정, 훌쩍, 섬 여행을 떠나자. 삼면이 바다인 우리나라의 국민이라는 점이 얼마나 다행스럽고 행복한 일인가. 우선 당장 집 밖으로 나서는 연습을 해야 한다. 길든 삶을 사는 연습을 해야 한다. 인생은 원래 나그네이다. 여행은 우리네 삶의 진정한 길동무이고 지혜와 사랑, 기쁨을 주는 동반자 역할을 한다.

그 섬, 그 바다로 떠나 드넓은 바다를 보고 창공을 바라보라. 그 푸른 하늘을 활공하자. 아는 만큼 보이고 보이는 만큼 생각하고 행동한다. 스스로 마음을 열어젖히고 넓은 공간으로 나가, 보다 능동적이고 역동적인 생각과 실천하는 삶을 사는, 그런 여행자인 나를 재발견하자.

누구나 드넓은 해양 공간의 주인이고 친구가 될 수 있다. 그날이 오면, 그런 나를 발견하면, 나의 시야는 더 맑아지고 마음 열어젖힌 만큼 세상을 넓어지고, 나를 사랑한 만큼 세상도 여유롭고 넓게 다가선다. 그렇게 해양 공간과 동행하며 사유와 지혜의 힘을 확장하는 여정, 그 길이 명상과 함께하는 해양치유여행이다.

    바다에 서면 이항대립적 사고방식이 산산이 부서진다. 해양 공간은 어떤 사물에 대해 기쁨과 슬픔, 밝음과 어둠 등 극과 극의 사고방식, 객관식 답안지에 길들인 고정관념을 파괴한다. 여행자는 자연 체험 학습을 통해 더욱 깊은 사랑으로 사물을 대하고, 창의적이고 주체적이고 진화된 사고방식으로 자연 공간을 해석할 줄 알게 된다.

    자연은 결코 이분법적 사유와 평가를 용납하지 않는다. 해일이 일어난 섬과 바다, 태풍이 오는 바다와 섬은 시험 답안지와 전혀 다르다. 자연은 변화무쌍하다. 봄이 오면 여름이 오고 여름이 가면 가을이 오고, 눈발이 날리고 나면 다시 푸른 잎들이 새로운 길을 내고 새로운 바람을 일으킨다. 부지런히 변화와 진화를 거듭하면서 새 생명이 자라고 자연의 노래를 켠다. 그렇게 자연은 생태계의 순환을 작동시킨다.

    내 고향 집 바닷가는 현관문을 열면, 바로 맨발로 바위로 건너가고 그 바위에서 낚시하고 해바라기하고 수영하는 공간이었다. 그런데 한 해에 꼭 한번은 해일이 불어닥쳐 동네 사람이 쌀포대에 모래를 가득 담아 어깨에 메고 우리 집 앞으로 모여 파도를 막아야 하는 자연조건을 타고났다.

    밤새 불어 닥친 파도 소리로 잠 못 이루는 날은 너무도 자연스러운 삶이었다. 인간의 희로애락과 변화무쌍한 바다의 이치는 크게 다르지 않다. 여행자는 자연에 순응하고 자연의 운명을 사랑할 줄 알고 익숙해져야 한다. 지긋지긋한 파도 소리는 서울에 온 지 얼마 되지 않아 나를 다시 그리움에 사무치며 섬을 찾아 나서게 했다. 고향 집에 머물 때 절감하지 못한 해양 공간이 주는 정서적 교감과 평안함의 지지대였던 본성은 이내 고향에 대한 그리움, 바다에 대한 그리움으로 자랐고, 답답한 도시에서 정서적 충동을 거듭했다. 그렇게 나는 다시 섬과 바다를 찾아 나섰고, 바다는 번뇌와 집착을 내려놓게 한 고마운 동행자가 되었다.

누구나 배고프고 서럽고 아픈 시절들이 있기 마련이다. 누구나 일상에서 화나고 분노하고 미워하는 감정들과 만난다. 나는 답답할 때, 가슴 허할 때마다 그렇게 훌쩍, 섬으로 떠났다. 그런 나에게 섬과 바다는 푸르고 역동적인 모습, 이내 평온해지는 모습으로 다가섰다. 기쁨도 슬픔도, 우리네 삶과 자연도 한 공간에서 이루어지는 것이라는 깨달았다. 단지 내 마음이 다를 뿐. 내 생각이 변할 뿐이다.


## 고독한 무인도, 까닭 모를 눈물을 흘리고

자연 그대로, 자연스럽게 산다는 것을 잘 알려준 경우가 무인도 여행이다. 홀로 무인도 여행을 하며 자박자박 밀려오는 파도 소리에 귀 기울이다 보면 섬의 고독한 영혼을 만나고 섬을 사랑하며 경외한다. 바닷가에 홀로 선 나그네는 그렇게 외딴섬을 보듬고 출렁이는 파도처럼 하나가 된 그 섬에서 또 하나의 나를 만난다. 텅 빈 침묵, 적멸, 까닭 모를 눈물을 흘리며 카타르시스를 느꼈다.

영국 시인 알프레드 테니슨(Alfred Tennyson)의 '눈물, 까닭 모를 눈물'이라는 시에 공감한 이유이기도 하다. "눈물, 까닭 모를 눈물, 왜 자꾸 흐르는지 모르겠구나/어떤 거룩한 절망의 심연에서 흘러나오는 눈물이/가슴에 솟아올라 눈에 고인다//새롭구나, 저 수평선 너머...돛단배 위에 반짝이는 아침 햇살처럼//구슬프구나, 사랑하는 이들을 싣고 저 수평선 너머에 떨어지는/돛단배 위에 발갛게 물든 마지막 햇살처럼"

영락없이 그랬다. 망망대해가 보이는 어청도등대에서, 포구의 민박집 들창코로 보이는 바다에서... 순간, 순간 변하는 바다, 그 우주 공간에 실존한 나. 밤새 거대한 고독 속에 갇힌 나. 민박집의 나그네는 고독할수록 이녁의 존재를 발견하고 자꾸 눈물 흘리며 이녁을 뜨겁게 사랑했다.

바닷가에 3~5회 심호흡을 한 후 두 눈을 감으면 내 마음에 더 큰 여백이 생겼다. 그런 공간의 나와 자연은 하나가 됐다. 내 마음의 바다는 무한한 상상력의 나래를 펼치며 하늘 높이 날아올라 섬과 바다를 내려다보며 활공했다. 그런 해양 공간에서 만나는 나는 당당하고 푸르게 물결쳐 오르는 파도와 한 겹이 됐다. 그렇게 명상을 거듭하면서 튼실한 에너지원으로 곧추섰다.

노사 문제, 직장 문제 등으로 온갖 고민을 지근지근 씹던 시절, 섬으로 떠나 나는 늘 나를 보았다. 바다에서 만난 굴곡의 해안선은 나를 닮았다. 그 해안선마다 부서지는 파도 소리가 겹겹의 마음을 말끔히 씻어주고 헹구어 줬다. 그렇게 섬과 바다는 내 인생의 훈련장이고 수련장이었다. 두 눈 지그시 감고 바다에 나를 온전히 맡긴 채, 갯바위에 올라 명상하거나 백사장을 걸으면서 파도 소리에 귀 기울였다. 그렇게 해풍 속에서 바람 부는 대로 물결치는 대로 걷다 보면 내 마음도 함께 나부끼고, 순간 모든 번뇌가 사라졌다. 그렇게 명상은 모든 문제를 한발, 떨어져서 보는 눈을 키웠다.

## 치유 드라마가 펼쳐질 나만의 무대를 꾸미고

우주 삼라만상은 수많은 빛 입자로 만들어졌고 우주 전체가 생겼다 사라지기를 끊임없이 반복한다. 미국의 생물물리학자 윌리엄 브라운(William Brown)은 "현실은 1초에 1044번 생겼다 사라지기를 반복한다"고 말했다. 우리네 마음도 찰나마다 밝고 맑고 긍정적일 때, 세상 풍경을 당기는 렌즈의 시각도 더 넓고 맑고 선명하게 밝아지고 우주의 모든 풍경이 내 마음에 들어찬다.

그렇게 내 마음은 다시 밝고 어둡고, 점점 커지면서 새로운 풍경을 만든다. 그런 새로운 생각은 새로운 빛으로 스파크를 일으키며 텅 빈 내 마음에 또 다른 수많은 빛의 파장을 만나 파닥이고 찰랑이면서 새로운 불빛의 생각을 켜준다. 불빛은 꽃으로 흔들리기도 하고 아름답게 피어나기도 한다. 그렇게 사유의 힘은 아름다운 꽃이거나 빛이거나 등불을 켜며 나만의 공간을 닦는다.

웨인 조나스는『환자 주도 치유 전략』이라는 제목의 책에서 자신만의 치유환경 조성을 강조했다. 30년 베테랑의 의학박사인 저자는 2001년~2016년 치료 중심 환경을 건강 중심 환경으로 바꾸는 운동을 전개한 새무엘리연구소에서 소장으로 일했다. 그는 그곳에서 스트레스와 고통, 회복력과 치유력의 상관관계에 관한 과학적 연구를 진행했다.

그런 그는 "치유 드라마가 펼쳐질 자신만의 무대를 꾸미라"고 권했다. 그는 "의사들이 처방하는 치료제로는 실제로 20% 치유만 가능하고, 나머지 80%는 환자 내면의 자기 주도 치유법으로 병을 낫게 할 수 있다"고 말했다. 그가 이 책에서 인용한 건축가 마크 슈바이처 역시 "인류는 탄생 이래 늘 치유를 위한 안식처를 찾아왔다"고 덧붙였다.

　　"인생은 짧고 예술은 길다." 그리스 섬 출신 의사인 히포크라테스의 명언이다. 본래 문장은 "인생은 짧고 예술은 길다. 기회는 순식간에 사라진다. 또한 경험은 믿을 수 없으며 판단은 어렵다."이다. 보통 문장의 앞부분만 인용하면서 본래의 의미가 제대로 전달되지 않은 채 전해졌다. 대부분 이 문장을 예술적 영감에 방점을 찍곤 하지만, 실상은 의사였던 히포크라테스가 의학적 치료 기술의 한계를 실감하고 이를 못 따라간 짧은 인생살이를 안타까워하면서 대안 치유법에 대한 깊은 고민에서 메모를 시작하면서 떠올린 아포리즘이다.

　　히포크라테스는 환자가 가진 고유의 치유력을 통한 치료를 중시했다. 그는 어느 날 자신의 병원을 찾은 시골 고령의 환자들에게 자신이 판단한 것 이상의 치료 효과가 나타나는 것을 발견했다. 그 관찰을 추적하던 과정에서 미처 자신이 판단하지 못한 민간 치유법을 전해 들었고 치료일지를 메모하기 시작했다. 왜? 인생은 짧고 이런 생생한 현장의 치유기록을 메모하면 환자 치료 비법을 후대에 대대로 널리 전해줄 수 있었기 때문이다.

　　웨인 조나스의 환자 주도 치유법에서도 히포크라테스의 생각을 빼닮은 표현이 많았다. 그런 점에서 매우 정직하고 설득력 있는 의사들의 경험담을 정리한 셈이다. 웨인 조나스는 건강 회복과 치유 과정에서 만난 환자의 다양한 사례들을 환자에게 필요한 의학적 정보와 새로운 치유사례도 소개했다.

1948년 세계보건기구(WHO)는 "건강이란 단순히 질병이 없거나 허약하지 않을 뿐만 아니라 육체적·정신적·사회적으로 완전히 평안한 상태"라고 정의했다. 웨인 조나스 번역서의 추천사를 쓴 안세영 경희대 의과대 교수는 "치료를 넘어 치유에 이르기 위해서는 인간이 육체적 존재일 뿐만 아니라 정신적·사회적·영적 존재라는 사실을 철저히 깨달아야 한다"라고 말했다. 그러면서 "몸과 마음, 영혼이 어우러진 치유의 중요성"을 강조했다. 오경석 척추신경 전문의도 "진정한 의학은 인간이 가진 병을 치료하기보다 병을 가진 인간을 치유할 수 있어야 한다"라고 말하면서 "그런 면에서 의학은 인문학이 될 수 있다"고 말했다.

웨인 조나스는 플라세보(placebo) 반응에 대한 세계적인 권위자인 하버드대학교 의과대학 테드 J. 캡척 교수의 견해를 소개하기도 했다. 플라세보는 앞서 소개했다시피 실제로는 약효가 없으나 환자에게 약효가 있는 것처럼 믿도록 하고자 투여하는 약을 말한다. 플라세보는 "마음에 들도록 한다"라는 뜻을 지닌 라틴어인데 가짜 약을 말한다. 플라세보 효과는 심리학 용어로써 만성 질환이나 심리상태에 영향을 받기 쉬운 질환에서 플라세보를 투여해 효과를 보는 경우를 일컫는다.

테드 J. 캡척 교수는 최근 한 연구에서 북미 원주민인 나바

호족이 치료 방식으로 외우는 주문, 서양에서 이용되는 침술, 일반적인 서양 의술이라는 세 가지 종류의 치료법을 비교하면서 플라세보 효과가 어떻게 다르게 나타나는지를 집중적으로 분석했다. 그 결과, 모든 치유가 믿음, 서사, 오감의 드라마, 문화적 영향에 의해 이루어지며, 이 모든 것들을 합해 '치유 의례'라고 부를 수 있다고 말했다.

그러면서 "이제는 치유 의례의 '특정' 효과로 받아들이고 적극적으로 연구해야 한다"라고 주장했다. 이런 다양한 치료 행위들이 전개되는 맥락은 '의미부여'가 치료한다는 점이라면서 약 자체보다는 치유가 더 결정적인 역할을 한다고 말했다.

나는 이런 문제의 연장선에서 해양 공간에서 만나는 자연과 인문학의 만남을 주목했다. 해양 공간에서 어떻게 치유 과정이 이루어지고 어떤 연계성과 융화 과정을 거치는지, 그런 효과들이 우리네 삶의 건강과 정서적 측면에서 어떻게 작동하는지를 주목했다. 그리고 그런 치유 과정에서 중요한 역할을 하는 요소들을 입증하는 여러 논문과 보도자료, 체험 사례들을 중심으로 엮었다.

# 제3장 자연치유와 명상의 만남

## 걸림 없는 삶, 두려움 없는 삶을 위한 마음수련

치유는 섬세하고 체험을 바탕으로 키워나가는 개인적인 마음 수행이다. 특히 자신에게 가장 의미 있는 일을 하는 것과 관계가 있다. 특정한 증상과 질병 치료법으로 활용하는 것에 그치지 않고, 자연에서 스스로 기쁨과 만족감을 얻는 치유여행일 때 그 효과가 크다. 그런 점에서 시인, 예술가, 명상 지도자들이 매년 함께하는 섬사랑시인학교 캠프에 적극적, 능동적으로 참여하는 치유여행에 대한 인식과 수용 사례는 크게 눈여겨볼 만한 대목이다.

참가자들은 치유여행을 통해 육체적 문제 해소에 그치지 않고 이역의 자아를 돌보는 계기로 삼는다. 치유는 행동으로 실천할 때 그 가치와 맥락이 생동감 있게 작동한다. 등대에 기대어, 바위에 앉아 오고 가는 배들을 관찰하는 것만으로도 마음치유가 가능하다. 친구와 연인, 가족과 함께 바닷가에서 파도와 갈매기를 벗 삼아 일상에서 지친 마음을 비우고 고통스런 짐을 내려놓고 지금 바로 이 순간에 호흡으로 집중함으로써 편하고 여유로운 시간을 영위할 수 있다.

우리는 살면서 늘 새롭게 만나는 감성, 느낌을 마음에 충전하고, 이를 일기에 기록하는 것만으로도 일상에서 내 삶의 새로운 의미부여가 가능하다는 것을 경험한다. 우리는 그런 기쁨과 행복의 가치를 재생산하는 의미작용이 이루어질 때 진정한 치유여행의 효과를 맛볼 수 있다. 섬과 바다, 등대 등 해양 공간에서 위안 받고 상처를 털고 새로운 삶의 영감을 얻는 이런 특별한 맥락 속에서 아아 이런 것이 바로 해양치유여행이구나 하는 것을 체험하고 실감한다.

웨인 조나스는 "고통스러운 트라우마와 대면하고 누군가에게 그 이야기를 하거나 글을 쓰는 것이 아주 효과적인 자기 치유 행위"라고 말하면서 "트라우마나 자신의 상처를 깊이 들여다보면서 지속적인 치유 효과를 부를 수 있고 심리적, 생리적 변화뿐만 아니라 면역력에서 큰 변화가 일어난다"라고 말했다. 나를 관찰하는 것이다. 나의 아픔을 알아차리는 것이다.

웨인 조나스는 이런 치유의 과정은 의미부여, 응원, 자극이라는 3단계로 이뤄진다면서 "치유의 비밀은 사랑을 확장하고 두려움을 수축시키는 일"이라면서 "치유는 이 두 가지의 균형이 중요하다."라고 말했다. 마음의 균형, 마음의 수평을 이루는 일이 중요하다는 뜻이다.

『반야심경』에는 "마음에 걸림이 없고, 걸림이 없으므로 두려움이 없고, 그릇되고 헛된 생각을 멀리 떠나 최상의 열반에 이른다."라고 말했다. 『숫타니파타』에는 "소리에 놀라지 않는 사자처럼 그물에 걸리지 않는 바람처럼 진흙에 더럽히지 않는 연꽃처럼 무쏘의 뿔처럼 혼자서 가라"라고 말했다.

걸림 없는 마음으로, 무쏘의 뿔처럼 혼자서 가라는 의미는 배타적인 의미가 아닌 의존성을 탈피하고 나의 비축된 에너지로 강건한 삶의 길을 당당하게 가라는 말이다. 마음에 걸림이 없으니 두려움도 없다. 그렇게 홀로 훌쩍 떠난 해양 공간에서 고독을 기꺼이 즐길 줄 알고, 그런 고독을 통해 바다를 깨닫고, 나를 깨닫는 진정한 바다의 동행자가 되라는 것이다.

법정 스님은 무소유 인생길에서 "너무 집착하지 말라"라고 말했다. "사랑하는 사람에게는 사랑과 그리움이 생기고 미워하는 사람에게는 증오와 원망이 생기니 사랑과 미움을 다 놓아버리고 무쏘의 뿔처럼 혼자서 가라."라고 말했다. 그러면서 "사실 우리가 알고 있고 겪고 있는 모든 괴로움은 좋아하고 싫어하는 이 두 가지 분별에서 온다고 해도 과언이 아니다"라고 설명했다.

스님은 "늙는 괴로움도 젊음을 좋아하는 데서 오고, 병의 괴로움도 건강을 좋아하는 데서 오며 죽음 또한 살고자 하는 집착에서 오고, 사랑의 아픔도 사람을 좋아하는 데서 오고, 가난의 괴로움도 부유함을 좋아하는 데서 오고, 이렇듯 모든 괴로움은 좋고 싫은 두 가지 분별로 인해 온다"라고 말했다. 그러니 "집착만은 놓아야 한다. 이것이 인연은 받아들이고 집착을 놓는 걸림 없는 삶이다. 사랑도 미움도 놓아버리고 가는 수행자의 길"이라고 말했다.

고독한 공간에서의 명상은 나를 스캔하는 과정이다. 고독도

때와 장소, 내 마음 상태에 따라 그 질감이 다르다. 외로움은 관계의 정도, 그 문제의 연장선에 있다. 사유의 깊이가 낮을 때는 그 공간은 외로움, 집착, 두려움의 대상이다. 내가 서 있는 섬과 바다의 모습이 바로 보이는 것이 아니라, 저편 희미한 실루엣의 섬마을 혹은 발전소 굴뚝의 콜록콜록 터지는 연기 혹은 안개, 구름이 흘러가는 잡스런 모습만 선명하게 다가선다.

여행지에서 적응하지 못한 경우는 일상의 상념과 번뇌가 내 마음에 여전히 나무껍질처럼 덕지덕지 달라붙어 호흡을 방해하기 때문이다. 호흡이 안정되지 않는 것은 스트레스가 온몸에 퍼진 탓이다. 그래서 감각적 피부를 굳게 만든다. 반면에 비우고 내려놓는 경우는 영육이 가볍고 바닷가 걷기가 수월하다. 갯바람이 살갑다. 그래서 해양 공간의 여행지는 낯설고 외딴섬 이미지가 한 공간 속으로 젖어 들었느냐, 않았느냐로 갈린다.

내가 해양 공간 속에 젖어 스며들었다면, 나는 해안 길이나 숲길에 선 나무의 잎들이 아이들 손뼉 치는 풍경처럼 경쾌하게 출렁인다. 살가운 바닷바람이 내 어깨를 토닥일 때마다 반가움과 정겨움으로 다가온다. 그 바람결이 겨드랑이 사이로 상큼하게 와 닿을 때마다 절로 미소를 짓는다.

그렇게 사유와 명상이 함께하는 공간에서는 숲도 섬도 나그네도 외롭지 않다. 저마다 깊은 관계, 연결성, 동일성, 일체성을 이뤘기 때문이다. 치유여행은 내가 얼마나 행복한가? 내가 얼마나 넉넉한 사랑과 감사하는 마음을 지녔는가에 비례한다. 그런 마음만이 더 큰 사랑을 베풀 수 있고 해양 공간의 모든 자연 풍경을 포용할 수 있다. 나의 뇌와 몸이 받아온 스트레스는 그런 여유로운 해양 공간이기에 가능하다. 그렇게 스트레스가 시나브로 털려 나가는 순간들을 체감했을 때 진정한 치유 작용이 이루어진다. 마음치유 명상이 정상적으로 작동한 것이다.

## 행복은 스스로 내 마음을 불러일으키는 것

사랑도 행복도 내 마음이 만드는 것이다. 미국의 정신분석학자 칼 멘닝거(Karl Menningger)는 영어의 행복이란 단어 'happiness'는 본디 'happen'에서 비롯된 점을 강조했다. 즉, 어떤 좋은 일이 자신의 마음속에서 일어난다는 뜻이다. 내 마음이 어디로 향하는지, 내 마음이 무엇을 위해 어떻게 불러일으키느냐에 따라 진정한 행복이 만들어진다는 것이다. 『화엄경』의 일체유심조(一切唯心造), 인간사의 모든 것은 마음이 지어낸다는 뜻과 일맥상통한다.

내가 나에게 불러일으키는 마음도 있지만, 내가 누군가에게 그 마음을 불러일으켜 주는 것도 행복이다. 사랑은 주는 것임으로. 그게 이타심, 자비심이다. 연민심을 가지는 마음이다. 사회심리학자 제임스 페니베이커 박사는 아픈 사람 옆에 있어 주는 것에 대한 치료 효과를 연구해왔는데, 저서 『털어놓기와 건강(Opening Up)』에서 깊은 트라우마와 상실의 경험을 가진 환자가 다른 사람과 단 한 번 공유하는 것만으로도 건강이 눈에 띄게 좋아졌다고 말했다.

그는 환자가 함께하는 것, 공감하는 것, 믿을 수 있는 환경

68

을 조성했을 때 안전한 느낌을 받았고 그런 환경에서 정서적으로 반복적인 교류를 하고 공감대를 형성하면서 더욱 심오하고 지속적인 치유 효과가 있었다고 설명했다. 상담심리학에서 '관계' 치유법으로 상대에 대한 존중, 경청, 공감, 수용의 마음을 중시한 것과 같은 이치이다.

저마다 치유의 시작 지점, 치유 요소를 이끌어가는 방식, 치유 이용 도구, 치유의 여정이 다를 수 있다. 그러나 결과론적으로 스스로 체감한 의미반응, 스스로 의미작용을 통해 변화시키는 요소들을 확인하고 확신할 수 있을 때, 그 알아차림이 가능할 때 치유는 극적으로 이뤄졌다. 이런 치유력이 어느 정도, 어떻게 발현되느냐? 그러한 유의미한 반응을 견인하는 데는 내 자신, 가족, 지인들의 체험적 이야기가 크게 작용했다. 그렇게 치유는 상호작용과 스스로 관점변화, 관점전환 등을 통해 치유 에너지로 작동했다.

치유를 성취하는 결정적 변인에는 나에 대한 믿음, 서로의 신뢰 관계에 비례했다. 따라서 나에 대한 나의 믿음이 가장 강력한 치유 도구인 셈이다. 그런 잠재력을 극대화하는 것은 앞서 말한 플라세보 효과이기도 했다. 믿음은 반복적인 사회적 의례와 결합하여 번뇌, 통증, 정신질환, 면역질환 등 만성적 심리적 질환을 치료하고 치유하는데 큰 효과가 있었다.

이 지점에서 우리는 치유를 위한 명상의 효과와 명상 방식에 주목한다. 나는 초등학교 때부터 지금까지 일기를 쓰고 있다. 매일 나를 기록하는 일은 나를 반추하는 과정이다. 일기는 나를 자각하고 내 마음을 충전하는 데 큰 역할을 한다. 기록하면서 반복되는 내 습관을 발견하고, 생각의 얼개가 다양한 스펙트럼으로 엮어지면서 나를 관찰할 수 있다. 그렇게 관점의 전환, 관계의 변화를 거치며 치유된다.

그런 과정을 거친 내 마음은 생각의 방향이 달라지면서 습관과 행동의 키도 바꾼다. 조금씩 뒤틀리거나 부정에서 긍정으로 움직이는 마음, 고정관념과 편견이 보인다. 이는 마음을 곧추세우는 의미부여와 의미작용이 작동한 탓이다. 그렇게 반복된 변화와 관계 속에서 일어나는 감정, 그것을 조금씩 조이고 풀어내기도 하면서 바른 생각, 긍정적인 방향으로 나를 움직인다.

이런 효과 때문에 명상 수행이 중요한데, 명상지도사들은 감사 일기 쓰기를 권한다. 굳이 '일기'라고 생각하지 않아도 된다. 내 마음을 기록하는 일지인 셈이다. 단어장에 메모하듯 하루 일곱 가지 또는 일곱 줄씩 나의 일상을 정리한 후 두 눈 지그시 감고 호흡 명상을 하면 그 일들에 대한 반성과 자각, 어떤 사물과 행동, 사건에 대한 스캔(scan)하는 습관이 생긴다.

스캔(scan)이란 뜻은 무엇을 자세히 살핀다는 뜻이다. 무엇을 대충 바라보는 것이다. 글을 쓸 때는 어휘와 운율을 살핀다는 뜻이다. 대충 훑어보는 버릇은 내 마음의 물결과 기운의 전환을 이루는 과정이다. 글쓰기에서 리듬의 강약, 흐름을 조절하는 역할이다. 글을 감칠맛 나게 하고 자연스러운 흐름으로 바꿔주는 클러치 역할을 한다.

이를테면 이런 방식이다. 여기 사례는 내가 명상 수행하는 모임의 단톡방에서 올라온 글이다. 첫 번째 글은 두 자녀를 둔 주부가 연휴 후 느낌을 적은 글이고, 두 번째는 내가 두통이 심한 날에 산책 후에 쓴 글이고, 세 번째는 비구니 스님이 어버이날을 맞아 쓴 것이다.

"건강하게 살아 있어서 감사합니다./연휴 동안 가족들과 즐거운 시간을 보내서 감사합니다./만날 가족들이 많아서 감사합니다./풍요로움에 감사합니다./할머님께서 건강하셔서 가족들이 더 자주 모일 수 있어서 감사합니다./먼 거리도 편하게 이동할 수 있게 해주는 자동차에게 감사합니다. 오늘 함께한 경험들에 감사합니다."

"지난 수업 시간도 지금도 두통이 아주 심합니다. 좋은 강의를 듣는 순간에는 사라지던 것에 감사합니다./두통의 원인을 찾아 한옥마을 숲길을 산책했습니다. 굽은 길 나뭇가지 끝에 핀 꽃이 바람결에 일렁이며 너는 누구냐 묻습니다./며칠 전 아주 믿는 간부가 이직을 고민하며 상담해왔는데, 하고 싶은 일을 하라고, 한 번쯤 쉬었다 새 길을 가는 것도 좋다고./결국, 그는 떠나기로 했고 그의 빈자리를 어떻게 할 것인가는, 오롯이 내 몫이 되었습니다./두통은 마음의 뿌리가 흔들리는 징조라는 사실을, 두통은 만병의 근원임을, 길모퉁이 푸른 잎들 재잘거림에서 읽습니다./수업 과제 전송 후, 집에 와서 공지사항을 다시 보니 과제의 본질이 달랐음을, 산책 후 새 마음으로 다시 숙제를 보내고 우리네 힘의 원천은 길든 삶임을./그대에게 나온 것은 그대에게로 돌아간다는, 그렇게 될 일은 결국 그렇게 된다는, 곧 지나갈 순간에 마음 쓰지 말라는 말씀을 음미할 수 있음에 감사합니다."

"전화로라도 부모님께 안부를 전할 수 있어 감사합니다./은사 스님과 통화하며 좋은 소식을 전해 들을 수 있어 감사합니다./초하루 기도를 위해 진수 장만해주신 보살님 감사합니다./늦지않게 부처님 전에 과일과 떡 공양을 올릴 수 있어 감사합니다./피곤이 몰려올 때 잠시 쉴 수 있어 감사합니다./은행 일이 복잡하게만 느껴졌는데 그래도 하나하나 해결할 수 있어 감사합니다./몸이 힘드니 별일 아닌 일에도 짜증과 불만이 올라오는 걸 알아차릴 수 있어 감사합니다."

이렇게 일상생활에서 생긴 일, 하루 흐름을 정리하다 보면 감사해야 할 것들이 많다. 초등학교 시절에 담임선생님은 일기장을 검사하면서 늘 늦잠 자고 부모님께 혼난 일에 대해 반성하라는 피드백을 주는 게 대부분이었다. 그런 첨삭 행위는 일기에 대한 편견을 심어주는 데 한몫을 했다. 감사일기를 쓰는 이유는 사물과 사건에 대해 습관적으로 긍정의 힘을 키우는 데 목적이 있다. 매사 작은 것에 감사하는 마음이 가질 때, 나를 내려놓고 상대를 배려하고 사랑하면서 자비로운 삶을 살기 때문이다.

예일대 교수이자, 신부인 헨리 나우웬은 『상처 입은 치유자』라는 제목의 책에서 '치유의 역설'을 설명하면서, 바로 자신을 힘들게 하는 상처가 치유의 과정으로 이끈다는 것이다. 역설적이다. 나를 힘들게 하는 상처를 스스로 인정하고 그 상처 속으로 가 있을 때, 비로소 온전한 치유의 길이 활짝 열린다는 것이다.

즉, 자신이 불완전하게 상처를 입었음을 일기를 쓰며 인정하고 수용하고 포용하는 마음, 그런 치유자가 스스로 치유하려는 과정이 평화와 기쁨으로 인도한다는 것이다. 그래서 헨리 나우웬은 "나는 치유자이면서 사랑받는 자"라고 표현했다.

## 스트레스는 비뚤어진 마음, 가장 큰 원인은 실망과 낙담

흔히 스트레스가 만병의 근원이라고 말하는 이유는 스스로 마음가짐의 중요성을 역설적으로 표현한 것이기도 하다. 스트레스가 발생한 순간부터 신경세포에서 방출되는 전달물질 균형이 깨져 우울증, 불안 등 심리적 질병을 부른다. 그만큼 스트레스는 면역력과 내재된 치유력을 떨어뜨리는 원인이다.

이런 스트레스 중 가장 큰 요인이 실망과 낙담이다. 그러므로 우리는 '희망'이라는 키워드를 마음치유, 치유여행의 중요한 요소로 받아들여야 한다. 지금 마음 아프고, 무기력한 일상을 맞았다면, 당장, 훌쩍 내 마음의 이정표를 해양 공간으로 돌려 세우자. 그렇게 푸른 섬 푸른 바다로 떠나자. 바다의 수평선처럼 내 마음의 균형 추를 맞춰 보자. 긍정과 희망, 열정의 방향으로 돌려 마음의 수평을 이루자.

스트레스는 내 마음이 비뚤어지고 기울어진 그 변형된 모양이다. 그 불균형, 불일치의 마음 상태를 해양 공간에서 만난 새로운 풍경과 대화하면서 이 또한 지나간다는 사실을 경험해보자. 파도에 넘실넘실 출렁이다가 이내 멀리멀리 그렇게 지나가는, 그 번뇌가 지나가는 모습을 관찰하자. 그런 명상하는 삶에 익숙해져

보자. 모든 것은 나로 비롯됐고 그런 내가 번뇌와 잡념을 잡고 있었음을 알아차림 한다. 그렇게 놓아버리자. 그렇게 그대로 흘러가는 것임을.

『화엄경』에서는 "그렇게 될 일은 결국 그렇게 된다."고 말했다. "있던 건 지나가고 없던 건 돌아온다./곧 지나갈 순간을 너무 두려워하며/마음 쓰지 말라."고 말했다. "너의 마음이 밝으면 해가 뜨고/너의 마음을 접으면 달도 진다.//연꽃이 물에 젖지 않는 것처럼/마음이 청정하면 모든 것을 초월하여 있다."고 말했다.

『채근담』에는 이런 문장이 있다. "물은 물결이 일지 않으면 스스로 고요하고, 거울은 먼지가 끼지 않으면 스스로 맑다. 마음도 이와 같아서 흐린 것을 버리면 맑음이 저절로 나타날 것이요, 즐거움도 구태여 찾지 말 것이니 괴로움을 버리면 즐거움이 저절로 있을 것이다."

원효대사는 선시 '놓아버리라'에서 "긴 것도 놓아 버리고", "짧은 것도 놓아 버려라"라고 노래했다. 선명상에서 화두로 삼는 말이 방하착(放下着)이다. 한자로 '방하'는 손을 내려 밑에 둔다는 뜻이다. '착'은 방하를 강조하는 어조사다. '내려놓아라', '놓아 버려라'.

이 바다에서 삶의 무거운 단봇짐을 잠시 내려놓자. 가장 무거운 짐은 내 마음의 번뇌와 고통이다. 마음이 허하고 울적하면, 답답하면 섬길, 바닷길을 걷자. 걷다가 피곤하면 그냥 쉬고, 졸리면 바로 드러누워 자고, 파도소리 솔바람 소리가 내 마음길을 지나가도록 마음의 빗장을 활짝 열어두자.

그렇게 내 마음의 문이 열리면 뇌도 더욱 가벼워질 터. 홀로 명상에 빠지면 적당한 긴장이 생기고 그 긴장은 내 몸을 지지한다. 일상에서 자연으로 전환한 내 몸은 약간의 움직임과 뇌의 자극을 통해 스트레스를 털어내고 스트레스가 떠난 마음자리에 고요하고 청정한 풍경이 들어선다. 그런 풍경을 바라보고 흥얼흥얼 노래하면서 푸른 바다의 갯내음이, 자연과 공존하는 새들이, 어부들의 역동적인 삶이, 내 마음의 풍경화가 되어 정서적 전환을 가져온다. 새로운 사유의 에너지원이 된다.

굴껍데기, 미역줄기, 갈파래 등 덕지덕지 치렁치렁 매달은 바위섬에 푸른 파도 물보라 칠 때마다 우리네 인생살이에 부딪치는 수많은 스트레스도 산산이 부서진다. 바다가 시나브로 물길을 바꿀 때마다 내려놓고 사라지고 지워지는 번뇌들. 그렇게 물길이 제 길을 찾고 내 마음도 그 길에 젖어들고 순응하며 출렁출렁 동행한다. 해양치유 공간의 사계절 풍경은 늘 그렇게 새로운 풍경을 잉태하고 나의 마음도 닦이면서 선명하고 밝은 치유의 풍경화가 된다.

미국 애리조나 메리 데이비드 교수의 보고서에 따르면, 사회적 관계 속에서 적극적 행동, 시간을 아끼고, 경쟁심이 강하고, 적개심이 강한 스트레스 보유자는 대체로 기업 임원들이다. 이들은 적개심이 강하고 화를 내지 않아도 될 상황에서도 버럭 화를 냄으로써 심장박동이 빨라지고 혈압이 크게 올라 심장병의 원인이 된다는 것이다.

　　이런 정신적 긴장감으로부터 해방은 긍정적 마음으로 전환해 본래의 원기를 회복하는 일이다. 그 길 가운데 하나가 여행을 통한 마음치유이다. 메리 데이비드 교수는 미국에서 6500만 명 이상이 직장 일 때문에 스트레스를 받고, 이를 해소하고자 헬스클럽, 약물치료, 영양보조제, 휴식, 독서, 여행 등을 한다고 전했다.

　　그는 이러한 사회적 공간이 동일한 상태의 '관계'를 지속함으로 인해 '피로-과로-발병-과로사' 과정으로 서서히 진행되기 때문에 잘 눈치채지 못한다고 설명했다. 환경은 생각을 바꾸고 차별과 차이를 만든다. 어떤 환경에 있느냐에 따라 내 마음의 변화로 직결된다. 그러니 자연으로 돌아가자. 사회와 내 습관이 만든 그 공간이 아닌, 자연 그대로, 조건 없는, 푸른 생명력의 보고인 해양치유 공간으로 말이다.

## 후각 명상과 테르펜 치유, 풀향기 꽃향기 숲향기에 취하다

섬여행, 바다여행을 떠나는 이유 중의 하나가 맑은 공기 때문이기도 하다. 피부를 맑은 공기에 노출시키는 것만으로도 여러 질병을 예방하거나 치료할 수 있다. 우리 피부에는 호흡 작용을 하는 수많은 모공이 있다. 해풍은 이 모공을 원활히 여닫기를 반복하며 피부의 호흡을 촉진한다. 그러면서 도심에 찌든 내 몸 안의 독소 등 노폐물을 배출시킨다.

　　그런 공기 좋은 해안길을 걸으면서 만난 산소는 인체의 에너지 대사를 촉진한다. 내 몸의 일산화탄소를 이산화탄소로 전환해 몸 밖으로 내보내는 역할을 한다. 그렇게 원활한 혈액순환을 돕고 맑은 피가 몸 속으로 흐르면서 세포들도 활력을 얻어 건강을 촉진한다. 호흡기 질환을 앓는 사람들에게는 이보다 더 직접적인 치료 효과도 드물 것이다.

우리가 숲의 향기에 취하는 동안, 숲의 나무들은 테르펜(terpene)이란 물질을 발산하고 이 물질과 함께 탄소동화작용을 한다. 이를 통해 만들어지는 산소와 숲의 오존이 숲속에 감돌면서 싱그러운 느낌과 함께 마음치유의 효과를 가져온다.

식물이 상처를 입으면 이에 대응하기 위해 피톤치드, 곧 항균·방향성 물질을 분비한다. 이것이 세균 등을 죽이는 기능을 하지만, 인간에게는 되려 생동하는 기운과 에너지를 준다. 피톤치드는 호흡을 통해 폐로 들어가면 호흡기질환의 예방과 심폐 기능을 향상시킨다.

풀향기, 꽃향기, 숲향기를 통한 후각적 명상 효과도 나를 치유하는 중요한 마음챙김 방식이다. 이런 숲의 정취와 함께 푸른 바다를 내려다볼 수 있는 명상 포인트로는 화진포, 거진등대, 죽도, 청학정, 청간정, 하조대등대, 죽변등대, 장호항, 청포말등대, 영덕 칠보산 자연휴양림, 울릉도등대, 도동등대, 부산 가덕도등대, 영도등대, 추자도등대, 완도 신지도, 장도, 금일도, 생일도, 목포 고하도, 비금도, 자은도, 도초도, 흑산도, 홍도, 가거도, 고흥 나로도, 거금도, 여수 금오도, 안도, 연도, 사도, 낭도, 개도, 백야도 등대, 향일암, 어청도, 외연도, 선유도, 장자도, 무녀도,

태안 만리포, 천리포, 팔미도등대, 무의도, 덕적도, 연평도등대 등을 들 수 있다.

그 숲길에서 프로스트의 '가지 않은 길(The Road Not Taken)'을 음미하며 내 인생의 뒤안길과 걸어가야 할 길을 사유하고 호흡하는 명상의 시간을 가져보면 좋으리라.

"노란 숲 속에 길이 두 갈래로 났습니다./나는 두 길을 다 가지 못하는 것을 안타깝게 생각하면서,/오랫동안 서서 한 길이 굽어 꺾여 내려간 데까지,/바라다볼 수 있는 데까지 멀리 바라다보았습니다.//(생략)//그 날 아침 두 길에는/낙엽을 밟은 자취는 없었습니다./아, 나는 다음 날을 위하여 한 길은 남겨 두었습니다./길은 길에 연하여 끝없으므로/내가 다시 돌아올 것을 의심하면서…….//훗날에 훗날에 나는 어디선가/한숨을 쉬며 이야기할 것입니다./숲 속에 두 갈래 길이 있었다고,/나는 사람이 적게 간 길을 택하였다고,/그리고 그것 때문에 모든 것이 달라졌다고."

시골학교 교사와 신문기자로 활동했던 프로스트는 어느 날 시인으로 인생의 대전환기를 맞았고 이후 하버드대 교수, 저명시인으로서 우뚝 섰다. 그는 소박한 농민과 자연을 노래한다. 우리네 인생은 길목마다 두려움과 주저함, 뒤안길에 대해 아쉬움과 후회, 참회의 순간을 맞기 마련이다. 명상여행은 그런 자연 향기와 함께 나를 반추하고 생기를 되찾는 인생길이다.

나는 지금 어디로 가는가? 무엇을 무엇을 찾아 어디로 가는가? 우리는 숱한 갈림길에서 갈등한다. 그 길은 나의 전환점이다. 프로스트는 이력의 삶과 숲길을 중의법으로 표현했다. 못 간

길을 남겨둔 길이라고 긍정과 희망의 이정표를 삼는 순간, 인생은 달라졌다. 우리도 지금 이 순간부터 두려움, 불안감, 우울함을 파도소리에 탈탈 털어버리고 다시 출렁출렁 자박자박 걷는 파도소리를 따라 남겨둔 또 하나의 새로운 길을 찾아 떠나보자. 이처럼 숲과 바다를 주제로 하는 치유시에 관한 내용은 명상 편에서 더 다양한 사례를 중심으로 구체적으로 이야기하고자 한다.

# 제4장 명상의 유래와 명상의 종류

## 알아차림과 마음챙김, 호흡·집중·걷기·이미지 명상

치유는 크게 몸 치유(요가, 필라테스, 기체조 등), 마음치유(알아차림 명상, 심리상담, 깊은 사유 등)로 나눌 수 있다. 인간은 몸과 마음을 통해 움직이고 생각하고 판단하고 성장한다. 따라서 치유 역시 몸과 마음이 병행돼야 한다. 특히 몸과 마음은 호흡으로 연결돼 있다. 호흡을 통해 잘못된 생활습관, 몸과 마음을 치유할 수 있다. 치유에 명상이 제격인 이유다.

명상은 수천 년 동안 존재해 온 수련 방식이다. 오늘날 그 명상의 효용성은 날로 높아져 이제 대중화의 길로 들어섰다. 청소년, 직장인 등 많은 사람들은 명상을 통해 집중력 향상, 스트레스 감소, 이완 촉진 효과 등을 경험하고 있다. 그런 명상은 일반적인 의식 상태를 넘어 더 높은 수준의 인식에 도달하는 초월을 위한 도구로 발전하고 있다. 명상을 통한 내면의 여행이 자아를 초월하는 그 지점에 이르면, 마음은 자기 규정의 족쇄를 풀고 진정한 행복과 자유 세계를 만끽한다.

명상의 역사에 대해 학자들은 대체로 1500~1700년 전 인도

힌두교와 기원전 3세기와 6세기에 중국 도교에서 유래했다고 본다. <한국불교신문> 2019년 9월 2일자 '명상의 역사-명상의 어원을 생각해 보자' 제목의 기사에서는 명상(Meditation)의 어원을 라틴어 'Meditatio'에서 찾는 점을 소개했다. 동사 Meditari (to think, contemplate, devise, ponder)에서 유래됐는데, 생각하다, 상상하다, 사고하다, 응시하다, 신중히 생각하다, 궁리하다, 숙고하다, 곰곰이 생각하다 등의 뜻이다.

메디테이션(Meditation)의 어원인 'medi'를 '생각하다' 외에도 '재다', '치유하다'는 의미로 해석하기도 한다. 몸과 마음의 병을 치유하는 의미, '수행'과 '진정한 휴식'으로 해석한다. 여기서 수행은 깨달음의 길, 깨닫는 여정을 말한다. 궁극적으로 치유에 이르는 길이다.

명상은 팔리어로는 사티(Sati)라고 부른다. 팔리어는 석가모니의 가르침을 전하던 소승불교 경전의 언어이다. 우리말로 번역하면 올바른 마음, 정념(正念)이다. 불교에서 정념(正念)은 팔정도(八正道)의 하나로 모든 현상을 있는 그대로 관찰하고 기억하여 잊지 않는 것을 의미한다. 요즘 명상 용어로는 알아차림, 마음챙김으로 번역돼 대중적으로 더 친근하게 사용하고 있다.

Meditation(명상)을 '마음챙김'으로 처음 명명했던 활성 스님은 최근 언론을 통해 '뜻 챙김'이 실제 해석의 본질이라고 설명하기도 했다. 의미를 챙긴다는 것. 마음은 해탈로 끝나기 때문이다. 아라한(깨달음을 얻어 공경을 받을 자)은 번뇌를 끊은 이른바 탐진치(貪瞋痴)가 멸하는 것을 의미하고, 팔정도는 인류의 변함

없는 도덕이요 윤리라고 설명했다.

탐진치(貪瞋痴)는 번뇌를 말한다. 번뇌란 중생의 마음을 괴롭게 만드는 것을 의미한다. 마음을 괴롭히고 불행하게 만드는 독이라고 해서 삼독번뇌(三毒煩惱)라고도 부른다. 탐(貪)은 탐욕이다. 이기적인 욕망, 욕심을 뜻한다. 진(瞋)은 화, 불만, 분노를 뜻한다. 치(痴)는 무지, 어리석음을 뜻한다.

팔정도는 석가모니가 가장 먼저, 가장 마지막에 설법한 8가지 덕목의 수행법을 말한다. 8가지 덕목은 정견(正見: 올바른 견해), 정사유(正思惟: 올바른 생각), 정어(正語: 올바른 말), 정업(正業: 올바른 행위), 정명(正命: 올바른 생활), 정정진(正精進: 올바른 노력), 정념(正念: 올바른 알아차림), 정정(正定: 올바른 집중)을 말한다. 이 팔정도는 지혜(정견, 정사유), 윤리(정어, 정업, 정명, 정정진), 집중(정념, 정정) 등 3가지 주제로 구분하고 있다.

명상의 종류는 호흡 명상, 집중 명상, 통찰 명상, 자비 명상, 만트라 명상, 바디스캔 명상, 차크라 명상, 이미지 명상, 예술 명상, 촛불 명상, 걷기 명상, 달리기 명상 등이 있다. 예술작품과 예술가의 작품 무대, 추억의 여행 장소와 작품 스토리, 풍경을 떠올리며 집중하는 방식이 이미지 명상, 예술 명상이며 치유시를 낭송하며 공감하는 방식이 촛불 명상이다.

어떤 명상이든 호흡 명상을 기반으로 하고 집중, 관찰, 알아차림, 마음챙김을 한다는 공통점이 있다. 호흡 명상은 호흡에만 초점을 맞춘 것인데 사실 모든 명상법 중 공통된 방식이 호흡을 유심히 관찰하는 방식이다. 걷기 명상은 걷는 동작과 호흡, 감각에 주의를 기울이는 방식이다. 자연과 함께 교감하며 명상하는 방식이다.

집중 명상은 마음을 하나의 대상, 주제에 집중시키는 명상을 말한다. 번뇌를 다스리고 고요한 상태를 지향한다. 불교에서는 팔리어 '사마타(smatha)'로 칭한다. 사마(sama)는 고요함을 의미하고, 타(tha)는 '지키다', '머물다'의 뜻이다. 명상에서 복잡한 생각, 즉 잔가지를 자르는 과정이다.

통찰 명상은 순간순간 몸과 마음에서 일어나는 현상을 있는 그대로(알아차림) 관찰하는 명상을 말한다. 통찰 명상은 팔리어로 위빠사나(Vipassana)라고 부른다. '위빠사나'는 산스크리트어인데 '위(Vi)'는 '특별하게', '분리하여'라는 뜻이고 '빠사나(assana)'

박상건 교수의 명상 수업 장면

83

는 '꿰뚫어 보다'라는 뜻이다. 즉, '분리하여 꿰뚫어 본다'는 말이다.

사마타는 선정(고요)을 목표로 하여 한 가지 대상에 집중한 것이라면, 위빠사나는 지혜를 목표로 몸과 마음의 변화를 알아차림 하는 것이다. '바르게 본다(正見)', '분명히 본다', '두루 본다'라고 해석한다. 불교에서 산란한 마음을 멈추고 한 가지 대상에 집중하는 수행법이다. 스님들은 수행과정에 방점을 찍어 '분리하여 본다'라고 해석한다. 오온(물질, 느낌, 인식, 생각, 의식)이 '나'가 아닌 무아(無我)를 통찰한다는 것이다.

세상을 살면서 미움과 갈등 등이 생기는 원인 중 하나가 나를 중심으로 생각하는 아상(我相) 때문이다. 아상은 '나에 대한 관념', '나를 중심으로 한 관념'을 말한다. 일종의 아집이다. "내가 있다", "나는 이런 사람이다"라는 생각을 사로잡힌 경우이다. 이를테면, 나는 남자인데, 나는 여성인데, 나는 윗사람인데, 나는 회장인데, 나는 팀장인데, 나는 선생님인데…등등 이러한 자기중심적 이미지, 조직과 사회가 만들어낸 이미지 중심으로 나를 생각한 경우이다.

그런데 이러한 생각은 자기중심적 판단, 해석일 뿐, 사실이 아니라는 점이다. 진실은 오온이 자연의 이치에 따라 변하고 있기 때문이다. 통찰 명상에서 이런 나와 분리하는 수행을 한다. 아상에 벗어나 그렇게 무아를 통찰한다.

통찰 명상의 일종이면서 제3의 명상으로 분류하기도 하는 자비 명상은 자신과 타인에게 스스로 사랑과 연민감을 보내는 방식으로 용서하는 명상이다. 용서 명상과 자비 명상을 따로 구분하기도 하지만 방식은 일맥상통한다. 자비는 함께 고통을 나눈다는 뜻이다. 달라이라마는 "자비란 자신과 타인의 고통에 민감하고 그 고통을 줄이기 위해 깊게 헌신하는 것"이라고 말했다.

만트라 명상은 특정 단어, 구절을 반복적으로 소리내면서 마음을 한군데 집중시키는 명상 방식이다. 만트라는 산스크리트어로 힌두교에서 신비한 힘이 담긴 단어라고 해석하는데, 대표적인 것이 '옴'이다. 옴은 만물의 발생, 유지, 소멸을 상징한다. '옴 마니 반메 훔'은 '오! 연꽃 속의 보석이여!'라는 뜻이다.

이를 불교에서 '진언'이라고 한다. 불교나 힌두교에서 기도, 명상 때 외우는 주문이지만, 다른 종교에서도 믿음의 구호, 주문으로 만트라 방식을 활용한다. 결국 만트라 명상은 진언을 반복적으로 소리내면서 번뇌를 떨치고 이 소리는 공명을 통해 몸과 마음을 평온하게 한다. 문구를 반복적으로 되뇌일수록 리듬이 생기고 몰입돼 명상 효과가 탁월하다. 불교에서 자주 활용하는 진언은 화엄성중(華嚴聖衆), 관세음보살인데, 일상생활 속에서 미안합니다, 고맙습니다, 사랑합니다, 기쁨과 평화 등의 문구를 사용하기도 한다.

바디스캔 명상은 머리에서 발끝까지 신체를 스캔하는 것이다. 호흡을 배꼽 아래 아랫배에서 정수리까지 길게 끌어 올려 잠시 멈춤 후에 눈, 코, 입, 귀, 목, 가슴, 어깨, 등, 허리, 허벅지, 무릎, 발등, 발바닥에 이르기까지 호흡의 숨결, 그 기운을 전달하면서 몸과 마음을 풀어주는 명상 방식이다. 불면증 해소에 탁월하다.

차크라 명상의 차크라(Chakra)는 산스크리트어로 '바퀴'라는 뜻이다. 요가에서 자주 쓰이는 이 단어는 호흡 명상을 할 때 의식의 상태이든 무의식 상태이든 신체 에너지와 결속해 지속적으로 소용돌이치는 모양, 그 보이지 않는 생명에너지가 있다는 데서 유래됐다. 요가에서는 이 생명에너지가 흘러가는 통로 사이사이에 에너지 집중 센터가 있는데 이를 차크라라고 부른다.

마음과 몸의 에너지 전환을 도와주는 7개 부분은 회음부, 천골 위, 배꼽, 심장, 인후, 미간, 정수리 중앙에 위치한다. 이 7개가 원을 그리며 집중하는 명상이다. 그래서 요가 동작은 이 7개 부분별로 기운과 근육, 혈액순환을 돕는 방식으로 진행한다. 이런 점에서 차크라 명상은 호흡 명상, 바디 명상, 기체조 등이 결합한 형태라고 할 수 있다.

이미지 명상은 내가 30년 동안 섬여행을 다니면서 몸에 익은 명상법 중 하나이다. 인간 커뮤니케이션은 말과 문자를 통해 이뤄졌다. 그런데 이 말과 문자는 전후 주변 이미지와 연결돼 보다 명료하게 전달된다. 특히 동양적 사고에서는 산수정신(山水精神)에 기반한 오랜 의사소통이 이어져왔다. 이를테면 산문(山門)이라고 단어에는 그 절이 있는 산과 자연풍경을 같이 떠올린다. "영변(寧邊)에 약산(藥山) 진달래꽃"이라는 시구에서는 흐드러지게 핀 산천의 진달래밭과 민족의 슬픈 정서까지 떠올린다.

이미지 명상은 이런 풍경 만들기를 통해 그 액자 속의 풍경에 물아일체(物我一體)가 되는 명상 방식이다. 그 풍경을 바라보며 위빠사나(통찰) 명상의 관찰 방식이나, 사물에 대해 정지된 사마타(집중) 명상으로 활용한다. 어떤 방식이든 내가 좋아하는 풍경 속에서 긍정적인 사유의 힘을 발휘할 수 있는 장점이 있다. 내가 편하고 좋았던, 아름다운 추억이 오래도록 이어진 카페, 자연 풍경 등 특정 장소와 공간의 장면을 떠올리며 명상하는 방식이다.

이를테면 불자라면 법당의 관음보살 불상 장면에 집중하거나, 성지순례 때 감동받은 산사 이미지를, 여행자라면 자연공간과 캠핑 장소 등 바다, 섬, 파도, 숲, 노을, 일출 풍경을 떠올리며 그 풍경 속에 내가 화룡점정이 된다. 그렇게 자연과 일체감을 이루며 풍경 속에 몰입한다. 그렇게 명상하는 사람은 자연 풍경이 파노라마처럼 펼쳐진 공간 속으로  아늑하게 젖어들고 그 고요함과 평화로움, 안정감 속에 마음이 존재한다.

걷기 명상은 뒤꿈치 들기, 들어올리기, 옮기기, 내려놓기 4단계를 거치며 느린 걸음을 통해 집중력을 기른다. 해안길, 백사장, 숲길을 걸으며 풀과 나무, 맑은 공기, 파도 소리, 갈매기 소리가 주는 효과와 함께 자연 속에서 마음을 수련하는 방식이다. 걷기 명상은 건강, 눈의 피로감 해소, 자연과 교감하며 평안한 마음챙김 효과가 있다.

오쇼 라즈니쉬는 『명상, 처음이자 마지막 자유』 책에서 달리기 명상을 소개하기도 했는데, "이른 아침, 신선한 공기와 온 세상이 기지개를 펴며 잠에서 깨어나는 공간을 만끽하는 달리기 명상은 몸에 활기를 불어넣는다"고 말했다.

그는, 어느 순간 달리는 자는 사라지고 오직 달리기만 남는다면서 몸과 마음이 혼연일체가 되고 돌연 내면에서부터 가슴 벅찬 희열이 용솟음친다고 설명했다. 처음에는 반 마일, 그 다음 2마일, 나중에는 3마일의 단계를 밟을 것, 호흡은 배꼽 아래부터 깊이 행하라고 말했다. 이후 나무 아래 앉아 휴식을 취하며 편안한 기분을 느낄 수 있다고 설명했다.

**명상은 내면의 여행, 호흡 명상과 수식관의 이해**
명상은 내가 스스로 행하는 마음 수련, 마음 수행이다. 대체의학 분야의 선구자인 디팍 초프라는 "수행은 노화를 조절하는 효소를 증가시키고, 자가 치료 항상성을 촉진하는 유전자의 발현을 촉진하며, 염증을 키우는 유전자는 발현을 억제한다"라고 말했다.

인도의 종교 지도자 오쇼 라즈니쉬는 "명상은 새로운 것이 아니라, 세상에 태어나면서부터 명상과 함께 해왔다."면서 "마음은 새로운 것이지만 명상은 타고난 본성이며, 존재 그 자체"라고 말했다. 그러면서 "진정한 자유는 자기 자신 안에서 편안하게 휴식하는 한편, 순간순간에 충실한 삶을 살아감으로써 발견되는 것"이라고 말했다.

석가모니는 "몸과 마음에 대해 알지 못하면서 100년을 사는 것보다 알면서 하루를 사는 것이 낫다"라고 말했다. 명상은 몸과 마음의 뿌리, 바탕을 관찰하는 것이다. 명상은 논리가 아니라 사랑에 더 가깝다. 명상은 과학적 활동보다 음악, 시, 그림, 춤 쪽에 더 가깝다. 이러한 예술적 원리와 무한한 상상력, 비움과 여백의 공간에서 새로운 나를 발견하는 것이다. 그런 면에서 명상은 창조적 행위이고 과정이며 예술적인 경향성이 크다. 그런 점에서 나는 자연과 예술 그리고 명상이 만나는 지점과 그런 계기를 제공하는 해양 공간을 중심으로 이 책에서 명상과 해양치유여행의 스토리를 전개하고 있다.

그렇게 그 섬, 그 바다의 백사장에서, 갯바위에서, 등대에서, 해안절벽 숲길에서, 민박집에서, 포구에서, 여행을 오가는 기차 안에서, 푸른바다를 가로지르는 여객선에서 호흡을 고르고 두 눈 지그시 감으며 명상여행을 떠나고 있다. 내 마음과 생각의 갈피가 백사장 파도처럼 밀려왔다가 밀려가는 그 풍경을 음미하고 있다. 그때마다 밀려온 생각이 다시 쓸려나가는 그 풍경을 관조하고 관찰한다. 그 물결처럼 내 호흡의 숨결도 들어오고 내쉬면서 마음의 평온함을 느낀다. 그렇게 해양치유여행을 나서듯 일상에서도 잔잔한 그 바다가 되는 과정, 나를 찾아가는 내면여행으로서 명상을 소개하고 있다.

이러한 명상기법은 지속적인 실천을 전제로 개인 취향과 목적에 따라서 맞춤형으로 사용할 수 있다. 그런 마음수행을 통해, 맑고 밝은 눈으로 내 마음과 저 마음, 세상을 그윽이 바라볼 수 있다.

명상하는 자세는 먼저 두 눈을 지그시 감고 살며시 미소를 지으면서 긍정심을 바탕에 둔다. 허리를 똑바로 펴고 의자에 등을 대지 않는다. 시선은 앉은 자리의 엉덩이 끝으로부터 1미터 정도이다. 코끝에 집중하면 그만큼의 거리가 생긴다. 그렇게 호흡을 시작한다. 어깨는 자연스럽게 떨어뜨린다. 손은 무릎 위에 편하게 둔다. 배꼽 아래 아랫배에 두 손을 모은 것이 편하다면 그 자세도 무방하다.

처음 시도하는 사람은 숨을 반복적으로 들이쉬고 내쉬는 호흡 과정이 불편할 수 있다. 특히 어느 정도로 숨을 들이쉬고 3~4초 정도 멈춘 후 내쉬기가 불편해 불규칙적이고, 사소한 잡념에 사로잡혀 당황하기도 한다. 호흡이 내 몸에 맞지 않아서 재채기와 헛기침이 나오기도 한다. 두근거림이 반복되고, 사우나 수증기처럼 뜨거운 열기가 온몸으로 퍼지면서 이마에 땀방울이 맺히기도 한다.

그래도 그런 상태를 그 자체로 내버려 두고 숨을 들이마시고, 잠시 멈춤, 내쉬기를 반복하며 나의 숨쉬기에 집중한다. 그러면서 나에게 알맞은 주기를 찾게 된다. 그런 내 호흡 소리를 따라가며 집중하다 보면 이내 호흡이 안정되고, 어떤 특별한 감각을 느끼며 인식이 명료해지기 시작한다. 애오라지 집중이 관건이다. 호흡에 집중하기 위해서는 지금까지의 여러 복잡한 생각, 불편한 생각, 화가 나거나 우울한 생각 등을 그대로 두고 오직 현재, 호흡에만 집중한다. 그런 문제가 나에게 있음을 알아차리면 된다. 길게 숨을 들이마시고 폐에 가득 채운 숨을 길게 내쉰다.

처음 호흡 명상을 할 때는 호흡 안정이 쉽지 않다. 누구나 처음은 그런다고 편하게 생각하자. 잡념이 자꾸 떠오르며 호흡을 불편하게 하고 나와 갈등이나 마찰을 빚은 상대의 얼굴, 얽힌 일들, 괴로움과 번민이 떠오른다. 그런 방해, 장애물은 명상과 첫 대면에서 당연한 만남이다. 그것이 명상하는 이유인 셈이다. "그것이 나를 방해하는구나!"라고 알아차림 한다. 그런 생각들, 얼굴들, 일들을 그대로 내버려 둔 채로 오직 호흡 그 자체에 집중한다. 내 마음의 시선은 오직 코끝에 있다.

호흡에 집중할수록 서서히 마음의 숨결이 안정되고 나를 방해하는 것들은 흐르는 물줄기처럼, 유유히 흐르는 구름처럼 스쳐 지난다. 오직 들숨과 날숨에 집중해 호흡을 반복할수록 나의 예민한 감각이 풀려나가고 평온한 물줄기가 이어진다. 마음이 참 편안하다. 내 몸과 생각의 공간은 그렇게 더 넓어진다. 마침내 하얀 여백에 내 마음은 고요하고 잔잔한 바다와 같다.

거듭 말하지만 처음 이런 호흡 명상을 시도할 때 번뇌와 고통이 쉬이 가라앉지 않을 수 있다. 생각과 생각이 자꾸 부딪치거나 잡념이 탄탄하게 뭉치고 겹쳐서 호흡을 방해한다. 그렇게 생각이 물결치고 파도치면서 마음이 혼란스럽다면, 호흡의 주기를 끊어가며 숨결을 조절한다. 이런 호흡 명상법을 수식관(數息觀)이라고 한다. 수식관은 참선 호흡법의 일종으로 한자 표기로는 셀 '수', 숨쉴 '식', 볼 '관'이다. 숫자를 세어가며 호흡하면 잡념이 비집고 들어온 자리에 숫자가 대신해 호흡을 집중할 수 있도록 도와주는 방식이다.

숨을 들이마시고, 잠시 멈춤, 숨을 내쉰 후 '하나', 다시 똑

같은 순서로 호흡한 후 '둘'…이렇게 10까지 숫자를 세면 다시 1
부터 세는 방식과 10에서 9, 8, 7…이렇게 숫자를 내려오며 세는
방식이 있다. 만약 30까지 숫자를 셌다면 30, 29, 28, 27… 이런
식으로 다시 1까지 세며 호흡을 조절해 간다. 숫자 세는 것을 자
꾸 잊거나 헷갈릴 경우가 있다. 그때는 10을 셀 때마다 손가락을
하나씩 접는 방식으로 숫자 세면, 호흡을 방해하지 않으면서 명
상에 집중할 수 있다.

그렇게 숫자를 헤아리며 몸과 마음에 집중하면 산만하고 들
뜬 마음들이 서서히 가라앉는다. 거친 감정, 화, 미움, 거치적거
리는 생각들이 사라지고 삼매(집중)에 들면 자연스럽게 호흡이
리듬을 타면서 내가 있는 그 자연 풍경 속에 젖어 든다. 고요히
아주 고요히…….

이런 알아차림, 위빠사나(통찰 명상) 과정은 어느 여행 장소
에서나 반사적이고 습관적으로 두 눈 지그시 감은 채로 호흡을
가다듬고 문제의 대상을 관찰하는 습관과 수련의 결과로 성취된
다. 명상의 기본적 조건과 자세는 현상과 대상을 그대로 바라보
며 내 몸과 느낌, 마음(생각, 감정, 감각), 상황을 편안하게 받아
들이는 것이다. 내 마음에 내 생각이 떠오르는 대로 관찰한다.
이때 생각을 따라가지 말고 바라만 본다. 관찰하다가 알아차림
후 다시 호흡으로 돌아온다.
들숨, 잠시 멈춤, 날숨 과정을 서너 차례 반복한 후 깊게 몰
입하며 집중적인 호흡으로 자신을 이해하고 수용한다. 내가 호흡
에 깊이 빠지고 어떤 대상과 고통이 사라지면서 생긴 여백이나
평온한 이미지 속에 내가 존재할 때, 비로소 나는 내 몸과 마음

을 관찰한 후 맞는 기쁨과 평온함을 만난다. 그렇게 나를 돌보는 과정이 명상이고 그 명상 효과로 말미암아 외부의 대상에서 시작된 의식은 내부로 관점이 전환되면서 순간, 생각과 행동도 바뀌기 시작한다.

거듭 말하지만 명상은 처음부터 쉽고 잘 될 수가 없다. 오랜 습관과 굳어진 사고방식이 가장 큰 장애물이다. 그래서 습관을 바꾸기 위한 습관적인 수련, 수행이 필요하다. 사실, 스님들도 매일 새벽 예불을 드리기가 쉽지 않다고 털어놓는다. 명상은 그만큼 내 의지와 마음을 닦아 세우는 열정이 필요하다. 내가 나를 사랑하고 내가 나를 믿는다면, 나를 위해 지속적인 마음 수련을 실천하고 그런 숙련, 숙성된 삶이 점진적으로 다른 사람들도 헤아려 마음을 여는 계기가 된다.

기본적인 호흡 명상이 내 몸에 잘 맞는다면, 이제 좀 더 여유 있고 의미 있는 명상 수행을 해보자. 어제도 오늘도 노고가 많은 나의 몸 구석구석에 감사하는 마음을 담아 숨결을 보낸다. 나의 몸을 토닥토닥 격려하고 손바닥을 비벼가며 눈 주위를 감싸주고 내 몸에 온기도 전하고 부위마다 주물러서 뭉친 근육을 풀어준다. 내가 내 몸과 마음을 사랑할 때 상대에 대한 배려와 위로, 사랑과 자비 실천도 가능하다. 그런 마음의 여유가 내 몸과 마음을 조절할 수 있을 때 얽히고설켜 틀어박힌 마음의 찌꺼기를 내보낼 수 있다. 그것이 사라질 때 진정으로 내 몸도 마음도 또 하나의 나를 만나 진정한 명상여행을 할 수 있다.

이 과정을 구체적으로 설명하면, 먼저 들숨, 잠시 멈춤, 날숨을 3회 정도 반복해 호흡을 고른다. 다시 길게 10회 정도 호흡 명상을 한 후 이마, 턱, 목, 가슴, 어깨, 등, 허리, 무릎, 발에 이르기까지 만져준다.

　　이런 호흡 명상은 스트레스가 쌓인 곳을 관찰하고 감각의 상태를 '알아차림'하는 것이다. 알아차림은 매 순간 경험하는 내 몸의 상태와 내 마음의 성질을 탐색하고 인식하는 능력을 길러준다. 이러한 생각, 감각, 느낌, 통찰의 정도가 익으면서 마침내 명상의 힘과 마음의 안정감을 가져온다. 그런 내면의 여행을 통해 스트레스가 쌓인 곳이 서서히 풀려나가고, 호흡을 깊고 길게 불어넣는 반복적인 과정에서 부풀어 오른 긴장감이 서서히 꺼지고 사라진다. 그렇게 내 마음의 평화와 편안한 일상이 시작된다.

# 제5장 마음치유 명상 방법과 치유 효과

## 명상하면 마음이 맑고 편안하고 세상이 밝게 보이는 이유

결국 우리가 꿈꾸는 행복의 원천은 마음이다. 명상의 성취는 이 마음 밭에 씨를 뿌리고, 일구고, 꽃을 피우고, 열매 맺고, 그 열매를 빛나게 닦는 과정에 만나는 행복감이다. 이런 명상은 인지 기능을 보존하고 나이 들어가면서 생기는 기억력 저하를 완화하는 역할을 한다는 다양한 연구 결과가 있다. 명상은 스트레스 호르몬인 코르티솔을 조절해준다. 코르티솔 수치를 줄여 신체가 스트레스를 더 효과적으로 관리하도록 도와서 마음의 안정감을 준다.

명상은 심박수를 낮추고 소화를 강화하는 등 생리학적 변화를 촉진하고 감정조절 효과가 있다. 호흡 명상은 우울증과 불안 증상을 줄이는 등 정신적 육체적인 균형과 안정을 이루는 삶의 행복을 촉진하는 역할을 한다.

미국 시사주간지 <타임>은 2003년 8월 '명상과학(The Science Of Meditation)'이라는 제목의 특집기사에서 미국의 명상열풍과 명상효능을 뒷받침하는 다양한 사례를 소개하면서 미국의 명상 인구가 2000만명을 넘어섰다고 보도했다. 특히 스트레스가 심한 상류지향 전문가 계층에서 명상이 각광받으면서, 많은 학교에서 명상을 정규 과목으로 편성했고 병원, 정부기관, 기업, 교도소까지 명상 프로그램을 운영 중인 점을 주목했다.

<타임>은 명상을 통해 뇌파를 변화시켜 기억력과 집중력을 방해하는 베타파를 감소시킬 수 있고, 면역체계를 강화해 두뇌 상태를 개선하는 데 큰 효과가 있다고 보도했다. 그러면서 이런 명상 붐으로 인해 엘 고어 전 미국 부통령, 리처드 기어, 데미 무어, 해리슨 포드 등 유명인사들도 명상의 매력에 푹 빠졌다고 보도했다.

우리 뇌는 몸무게의 2%인 1.3~1.5kg에 불과하다. 특별한 일을 하지 않고 쉴 때에도 호흡할 때 들어 마시는 산소량의 20~25%를 소비한다. 이때 뇌의 변화를 통해 우리 몸의 인지능력도 향상된다. 특히 아침에 하는 명상은 깨끗한 뇌 상태에서 하루 마음의 창을 상쾌하고 맑게 열어주는 역할을 한다.

한국전자통신연구원 책임연구원인 박문호 박사는 『그림으로 읽는 뇌과학의 모든 것』이라는 제목의 책에서 "소리, 시각 또는 마음을 사용하는 명상은 뇌의 공명을 유도하는 특정 영역의 진동 패턴을 생성할 수 있다"고 말했다. 그는 동물과 인간이 다른 점을 "동물들의 행동은 주로 뇌의 오래된 부위를 통해 이루어진 반면, 인간은 새롭게 늘어난 전두연합 영역의 신피질이 뇌의 다른 부위로부터 운통 통제권을 대부분 인계받는다"라고 말했다.

전두연합령은 사고, 의지, 창조, 인격 등의 중추이고 전측두연합령은 기억의 중추이며 두정-측두-후두전연합령은 지각, 인지, 판단 등의 중추이다. 제임스 배리는 저서 『피터팬』에서 "행복의 비밀은 자신이 좋아하는 일을 하는 것이 아니고 자신이 하는 일을 좋아하는 것"이라고 말했다. 이 때 자신이 좋아하는 일을 하는 것, 즐거움을 추구하는 것, 그래서 보다 창의적인 아이디어를 떠올리고 이를 즐기는 쾌락의 정도를 결정하는 뇌의 시스템을 전두연합이라고 설명했다.

　　<타임>은 명상 효과에 대해 "마음이 맑고 편안해지며 세상이 밝게 보인다. 육체 피로와 스트레스가 사라지며 병을 낫게 한다."면서 "성격이 원만하고 긍정적이며 적극적인 모습으로 마음을 다스려진다. 그래서 가족과 주변 환경이 아름답게 보이고 스스로 밝고 조화로운 분위기를 만들게 된다."라고 설명했다.

　　에너지 심리학의 선구자로 불리는 프린스턴대학교 패트리샤 캐링턴 교수는 한 방송 인터뷰에서 "명상은 놀랄만큼 빠른 속도로 중앙신경체계에 영향을 미친다."면서 "명상하는 사람들은 스트레스에서 보다 더 빠르게 회복한다."라고 강조했다. 그러면서 "불안감 해소와 혈액순환이 잘 되며 혈압이 크게 감소했고 심장질환, 당뇨, 두통, 염증완화 등 다양한 질병을 치유하고 고통을 완화시켰다."고 말했다.

　　UC 샌프란시스코 엘리사 에펠 심리학 박사 역시 방송 인터뷰에서 "명상은 노화 속도를 늦추는데 염색체 끝 부분인 텔로미어가 노화와 관련돼 있다."고 말했다.

이처럼 명상은 내 마음 다스리기와 뇌를 통한 집중력 배가에 탁월한 효과가 있다. 이런 명상을 통해 마음이 안정되고 삶의 질적 향상으로 생활의 만족도, 행복감을 높일 수 있다. 마음의 안정은 감정의 균형을 달리 표현한 말이기도 하다. 명상은 감정적 안정을 유지하는 수단이고 과정인 셈이다.

그렇게 집중력 향상으로 한 단계를 건넌다. 특정 사유와 호흡의 지점에서 집중도가 높아지면 찰나적인 문제 인식, 알아차림의 순발력과 민첩성을 높여나간다. 그렇게 뇌 기능 개선을 위한 뇌의 기능적 연결성을 증가시키고, 인지능력과 집중력이 향상, 배가된다.

결국, 명상의 궁극적인 도달 지점은 행복으로 가는 길이다. 누구나 행복을 꿈꾼다. 세상은 변화의 연속이다. 우리는 시나브로 변하는 환경과 관계에서 수많은 감정과 일들을 맞닥뜨린다. 그때마다 행복의 관점은 바뀌고 영원한 행복이 없다고 생각하는 그 마음자리, 그 텅 빈 여백에서 명상은 무한한 기쁨과 만족감을 샘솟게 한다. 명상의 진정한 대단원은 그렇게 그 마음바다에 이르는 일이다.


**삶의 걸림돌과 디딤돌…스트레스, 화, 미움 다스리기**
월리 퍼이머스 아모스(Wally Famous Amos)는 "인생은 거울과 같으니, 비친 것을 밖에 들여다기보다 먼저 자신의 내면을 살피라."고 말했다. 마하트마 간디는 "네 믿음은 네 생각이 된다. 네 생각은 네 말이 된다. 네 말은 네 행동이 된다. 네 행동은 네 습관이 된다. 네 습관은 네 가치가 된다. 네 가치는 네 운명이 된다.”라고 말했다.

　　호주 출신 작가이자 명상관련 대중 연설가로 유명한 앤드류 매튜스(Andew Matthews)는 “지금을 산다는 건 결과를 두려워하지 않고 행동으로 옮긴다는 의미”라면서 “언제쯤 보상받을까 조바심내지 않고 다만 무엇엔가 몰두하라”고 말했다. 그것이 지금을 사는 지혜라는 것이다.

　　명상은 온갖 스트레스들이 모이고 쌓이고 굳어지는 과정에서 발생하는 번뇌와 두려움, 불안으로부터 흔들리는 내 마음을 다잡기 위함이다. 이 책에서 명상을 이야기하면서 가장 많이 등장하는 단어와 사례들이 스트레스, 걱정, 불안, 두려움, 미움, 분노, 화, 관계 등이다.

　　그만큼 많은 사람들이 이런 문제로 말미암아 고통받고 이로부터 벗어나고자 명상을 시작한다. 대부분 ‘관계’에 얽혀 고민하고 고통스러워한다. 『아함경(阿含經)』에서는 “사람들은 번뇌 때문에 죄를 짓고 죄 때문에 항상 고통을 받는다. 번뇌와 죄 그리고 고통은 수레의 세 바퀴와 같이 끝없이 구른다. 이것을 가리켜 ‘윤회’라고 한다.”라고 말했다.

　　앤드류 매튜스는 “우리 안에 기쁨이 있을 때 하는 일도 잘되며, 사람들도 우리 곁에 머물기를 원한다”고 말했다. 니체는 “우리의 앞길에는 항상 돌이 있다. 그것은 걸림돌이나 디딤돌이 된다. 무엇이 될지는 모두 나 스스로가 그것들을 어떻게 사용하는지에 달려 있다."고 말했다. 지금 어떤 대상과 관계 속의 나는 어떤 돌을 만났는가? 그 돌은 내 길, 내 마음에 걸림돌인가, 디딤돌인가? 그것을 결정하고 받아들이는 쪽은 온전히 나 자신, 내 마음이다.

다네빌 고더드(Neville Goddard)는 영혼과 의식, 무의식에 가장 큰 영향을 미친 형이상학을 연구해왔는데 "마음에서 걱정이라는 감정을 내려놓으라"라고 말했다. 그는 "걱정이 고개를 쳐들 때 그걸 억누르려 애쓰지 마라. 대신 걱정이 부질없음에 대해 명상하라. 그리고 즉시 마음에서 걱정이라는 감정을 내려놓으라. 그러면 자연스럽게 평정에 이르게 된다."라고 말했다.

법정 스님은 "삶은 소유물이 아니라 순간의 있음이다. 영원한 것이 어디 있는가. 모두가 한때일 뿐, 그러나 그 한때를 최선을 다해 최대한으로 살 수 있어야 한다."라고 말했다. 대한불교 조계종 총무원장인 진우 스님은 2014년 3월 17일 조계사 대웅전에서 '선명상으로 찾는 마음의 평안'을 주제로 특별법회를 열고 괴로움의 원인과 명상이 왜 필요한지를 설명했다.

진우 스님은 인생에서 누구나 겪는 괴로움에 대해 "이것이 있으니 저것이 있고, 이것이 생기니 저것도 생긴다"는 『잡아함경』의 구절을 인용하면서 "즐거움이 있으니까 괴로움이 있는 것이에요. 즐거움의 총량과 괴로움의 총량은 똑같다."라고 말했다.

진우 스님은 명상(瞑想)의 한자 표기가 '감을 명(瞑)', '생각 상(想)'이라고 설명하면서 "생각을 감아야 한다", "마음을 고요히

하라"는 의미를 설명했다. 그러면서 명상을 통해 마음을 고요하게 할 수 있다면 그때 나머지는 물이 흐르는 대로 놔두라고 말했다.

진우 스님은 그런 마음을 유지하기가 사실 쉽지는 않다면서 "금방 참회할 수 있는 기술은 좀 생겼다. 열심히 명상하면 그런 기술이 생긴다"고 경험담을 들려주면서 "속상한 일이 일어나도 금방 마음이 편안해지고, 나쁜 놈 봤다가도 '아이고 나쁜 놈이 아니구나' 하면서 금세 마음이 평안해진다"라고 설명했다. 그러면서 "어떤 행위를 하더라도 마음이 평안해지는 그게 바로 선정(禪定· 마음이 하나의 경지에 정지해 흐트러짐이 없음)이고 명상"이라고 설명했다.

조계종 총무원장 진우 스님의 명상법회 장면

진우 스님은 "절에 들어온 지 벌써 50년이 훨씬 넘었는데도 성질이 난다"라고 솔직하게 토로했다. 명상이 우리 삶에 있어서 아주 중요하고 필요한 것이지만 쉽지 않음을 말한 것이다. 명상은 그만큼 지속적이고 집중적으로 실천해야 하는 마음수행이다.

그렇게 명상은 내가 나를 호흡과 잠시 멈춤, 알아차림, 선정(禪定)과 지혜로 일깨워 근원적인 성찰을 한다. 선정은 마음을 닦는 불교수행법인데 삼매(三昧)라고도 부른다. 화엄경에 나오는 말인데 잡념을 버리고 한 가지 대상에 정신을 집중하는 경지를 말한다. 산스크리트어로 사마디(Samadhi)이다.

2013년 1월 9일 1주일 동안 동국대 국제선센터에서 '세계명상힐링캠프'가 열렸다. 당시 영국 케임브리지대 물리학과 출신 승려로 세계적 명상가인 아잔 브람(62) 스님은 <세계일보> 2013년 1월 21일자 '편완식이 만난 사람'이라는 제목의 인터뷰에서 올바른 '내려놓기', '멈춤'과 '알아차림'을 이렇게 설명했다.

"멈춤은 뭔가 하려는 것이 아니라 더 적게 가지려는 것, 과거와 미래마저 생각에서 지우는 것… 깨달은 자의 법문을 듣는 것은 알아차림의 방도이다". 그러면서 "명상은 행복과 고요함의 경험인데 부처님은 세 가지 바른 의도에 관해 말씀했다"면서 "하나는 놓아버리기… (이것은) 깨달음을 얻기 위한 것… 또 하나는 자신에게 친절함… 괜찮아, 언젠가 열반에 닿을 수 있을 거야 하는 관대함이다. 마지막으로 부드러움… 명상할 때 억지로는 안 되는 것… 그러니 엉덩이가 덜 아프게 방석을 깔라"고 설명했다.

심리학의 선구자 칼 융(Carl Jung)은 '융이 풀어 본 선(禪)'
이라는 제목의 논문에서 "선(禪)은 불교를 나무에 비유하자면 팔
리어로 쓰여진 성전(聖典)의 뿌리에서 자라난 가장 훌륭한 열매
라고 할 수 있다"고 말했다.

　　융은 목사의 아들로 태어난 정신과 의사였다. 그는 성격, 집
단무의식 등의 개념을 제시하고 발전시키며 정신의학과 종교, 문
학 분야에 지대한 영향을 끼쳤다. 그는 성장기의 외로움을 무한
한 상상력을 키우며 보냈다. 융은 심리치료 경험과 역사에 대한
폭넓은 지식으로 중년과 노년, 특히 삶의 의미를 상실했다고 생
각하는 사람들의 심리치료에 크게 기여했다.

　　대한성공회 윤종모 주교는 <조선일보> 2024년 1월 17일 자
"명상은 도구일 뿐 기독교 신앙과 충돌하지 않아" 제목의 인터뷰
를 했다.

　　윤종모 주교는 "처음에 명상을 누구의 지도를 받은 것도 아
니었는데 침묵 속에 의식이 또렷해지고 흐트러짐이 없는 마음의
공간이 생기는 것을 느꼈다."면서 "제가 어렸을 때 느꼈던 상처
나 걱정, 생활고 같은 것을 완전히 잊고 미움과 갈등이 사라지고
모든 생명에 대한 사랑이 충만해지는 것을 경험했다"라고 말했
다.

　　윤 주교는 "명상을 한다고 단번에 고쳐지지는 않아요. 지금
은 '욱'하는 동시에 바로 알아차리고 화를 내지 않거나 바로 사
과하고 바로잡을 수 있게 됐다"고 말했다. 그러면서 "기독교 역

사에서도 오랜 명상의 전통이 있었는데 '렉시오 디비나(거룩한 독서)'라고 부르는 명상 방식"이라면서 특히 "마음에 와닿는 문장이 있으면 마음 깊이 되새김질하는 명상을 했다"라고 설명했다.

나 역시 바닷가에서 만난 풍경들과 독서를 통해 만난 간접적 체험들이 어우러져 인문학적 상상력을 더욱 넓히고 그런 글과 풍경을 거울삼아 관점전환과 생각의 폭을 넓히며 더욱 튼실한 명상의 토대를 이룰 수 있었다. 윤 주교께서 언급한 "와 닿는 문장이 있으면 이를 마음 깊이 되새김질하는 명상기법"은 명상 종류 중 통찰 명상에 해당한다. 한때 유행한 독서치료 방식도 이런 연장선에 있다.

이를테면 마음이 안정되지 못하고 흐릿하거나 두근거릴 때 미움, 화, 분노감을 관찰하는데, 어떤 문장을 읽으면서 생각에 잠기거나, 단체로 명상 수행을 할 때 명상지도자가 앞에서 이를 읽으면 눈을 지그시 감고 이 문장을 마음으로 받아들인다.

그렇게 호흡하면서 호흡을 방해하는 문제를 지나가도록 놔둔다. "아, 이게 문제로구나" 알아차리기만 한다. 우리네 많은 고민은 과거의 일이 현재에 계속 머물고 있다는 생각에 갇힌 데서 비롯된다. 잊혀지지 않는 생채기들은 미움, 화, 분노, 원망 등으로 지금의 나를 불안하고 어둡게 한다.

이를 치유하는 유일한 것은 사랑인데 아무 때나 아무렇게나 사랑을 하고 싶다고 할 수 있는 것도 아닌 게 사실이다. 사랑은 서로가 공감하고 그 수용함이 오래가고 깊은 감동으로 전율할 때, 감각적 정서적 질감이 있는 진정한 사랑일 때 공감과 연대감을 느낀다. 물론 상대방을 고려한 그런 사랑을 하는 것, 그것도 오래도록 변치 않는 사랑을 하는 일이란 쉽지 않은 것도 사실이다.

그래서 사랑은 무조건적일 때 가장 편안하고 단순하고 오래 간다. 그냥 사랑하는 것이다. 그것은 과거의 상처와 불행, 고통, 트라우마, 집착을 가장 쉽게 버리고 용서하는 방식이다. 그 순간이 사랑의 절정이다. 파스칼은 "너그럽고 상냥한 태도로 사랑하는 마음은 사람의 외모를 말할 수 없이 아름답게 하는 힘을 가진다"라는 말했다.

상처받은 사람, 고통스러운 사람의 얼굴과 누군가를 용서하고 애써 배려하는 사람, 그런 사랑을 가진 사람의 얼굴은 건강한 줄기에서 피어난 싱싱하고 아름다운 꽃처럼, 내 마음도 아름답고 평안하게 다가올 수밖에 없다.

스탕달은 "사랑에는 한 가지밖에 없다"고 말했다. "그것은 사랑하는 사람을 행복하게 해주는 일"이라고. 그렇게 카알라일 말처럼 "불이 빛의 모체가 되듯이 사랑은 언제나 평화의 모체가 된다"는 점을 알아차림 하자. 그렇게 우리네 삶의 열차는 오늘역을 지나 내일역까지 가야 하는 사랑과 평화의 인생 여정이다. 그 여정에서 감탄과 희망과 기쁨으로 사는 일이 우리네 인생길이리라.

옛날 어른들은 어떤 괴로움이나 어려움에 직면했을 때, 순간의 문제에 당황하고 불안했을 때, 속으로 숫자를 열 개까지 세워보라고 일러주곤 했다. 이는 호흡의 중요성을 간파한 어른들의 지혜로운 가르침이었다. 사실 우리가 자주 떠올리는 지금의 문제, 미래의 걱정은 내가 계속 되풀이해온 과거 사고나 이미지에 집착한 데 비롯된 것이다. 단지 과거에 불과한 것들에 집착한 탓이다. 늘 문제는 내 마음이다.

이러한 과거에 대한 과도한 집착과 기억은 현재의 나와 미래에 대한 두려움, 괴로움, 답답함으로 이어져 갈등의 씨앗을 키운다. 갈등(葛藤)은 한자 표기로 '칡 갈', '등나무 등'이다. 칡과 등나무가 서로 얽히는 것, 문제와 관계를 서로 다른 이해와 해석으로 뒤엉키게 하는 것, 내가 내 마음이 먼저 오해하고 성급한 판단으로 불필요한 집착을 만들어 이내 적대감과 분노감을 키운 것이다. 내 마음에 상반되는 감정과 의지가 충돌하면서 윤활유가 바닥난 기계장치의 마찰음처럼, 생각은 갈피를 못 잡은 채로 헛바퀴만 돌면서 마음은 긁히고 생채기들을 쌓은 것이다.

갈등은 갈등이론에 따르면 우리 사회의 발전 동력이다. 이론상으로는 서로 다른 관계를 추구하는 개인과 집단의 구성체가 대립과 경쟁, 진화와 변화의 관계 속에서 우리 사회 발전의 동력이 된다는 것이다. 명상에서는 이렇게 복잡하게 보인 문제들이 하나둘씩 내 마음에서 다 빠져나갈 때까지, 지나갈 때까지 놔두는 것이다. 놓아버리는 것이다.

명상에서 갈등을 푸는 열쇠는 문제를 먼저 알아차림을 하는 것이다. 그런 후에는 마음 중심을 잡은 채로 호흡하는 것이다. 알아차림은 용서와 자비를 통해 평정심을 이룬다. 문제를 바람결처럼 그대로 지나가도록 놔둔 후에 평정심이 찾아온다. 그런 후 나의 안녕과 그의 안녕을 위해 사랑과 행운을 보낸다. 일종의 자애심이다. 자비로운 마음이다.

이를 명상하는 순서대로 정리하면 마음이 안정된다. 첫째, 나를 먼저 위로하고 격려한다. 그래도 열심히 여기까지 살아온 나에게 무한한 사랑을 보낸다. 둘째, 나의 부모님과 가족의 건강과 행복을, 셋째 친지들, 넷째 이웃들, 다섯째 친구들, 여섯째 내가 미워한 사람에게, 일곱째 모든 사람이 안전하고 평화롭기를 기도한다.

그렇게 일상에서 스스로 인내하고 용서하고 이해하며 사랑하는 마음을 갖는다. 그러면서 내 마음은 평정심으로 안정감을 이룬다. 앞서 말한 감사일기를 쓰는 습관 역시 이러한 용서와 자비심을 일상생활에서 습관적으로 키우기 위한 과정이다.

이런 용서와 자비 명상을 통해 부정적 생각과 미움에서, 긍정심과 사랑으로 바꾼다. 내가 무엇에 집착하거나 분노하거나 흥분한 마음이 제로 상태가 되도록 하는 것이 평정심이다. 평정심은 모든 경험의 무상한 속성을 깊은 통찰력으로 견인한다. 그렇게 명상이 일상생활에서 익숙해지면서 평정심은 나의 삶의 강물이 되어 흐른다. 자연스럽게 흘러가는 그런 생각과 마음챙김 자체가 텅 빈 모습, 그것을 여여한 마음 상태라고 표현한다. 법정스님은 이런 마음 상태를 텅 빈 충만이라고 표현했다.

그렇게 명상은 매 순간 새로운 바람과 물줄기를 생성하듯, 내 삶의 새로운 사유와 그 바탕을 통해 실존, 존재의 순간을 경험한다. 이런 마음의 속성, 성질을 파악하는 통찰 능력이 알아차림의 순간이다. 이런 관찰 습관이 감각적으로 몸에 익을수록 평정심 위에 세운 나의 삶을 재발견한다. 그런 삶은 나를 적극적이고 역동적이게 한다. 그런 지혜로움과 차분한 삶일 때, 현재 관계를 긍정적으로 접근하고 자신 있고, 여여하게 풀어가게 한다.

이런 점에서 명상은 정신적, 신체적, 정서적으로 가장 강력한 치유 수단이다. 명상은 몸과 마음을 한 곳에 집중시키고, 외부의 여러 방해 요소를 제거하면서 내면으로 떠나는 여행이다. 그런 여행길은 궁극적으로 기쁨과 평화로운 삶을 찾아 행복으로 가는 길이다. 이를 위해 우리는 명상을 통해 오롯이 현재 이 순간에 집중해 호흡한다..

## 슬픔과 우울감, 절망감, 두려움에서 벗어나는 3단계

우리네 인생살이에서 또 하나의 고통 중 하나가 슬픔이다. 슬픔은 상실의 경험에서 오는 심리적 반응을 말한다. 어떤 큰 사태, 사고, 피해 등을 겪으면서 한때 자기가 소유했던 것을 박탈당한 상태이다. 그런 대표적 사례가 이별, 이혼, 실패, 실직, 절망, 고립, 고독, 죽음 등이다.

슬픔은 어떤 상실이 일어날 것을 예견하거나, 일어난 후에 겪는다. 이는 인간이면 누구나 겪는 정상적인 심리 반응이지만, 이 상실은 위기(crisis)를 일으키는 결정적인 요소이기도 하다.

그런 과정에서 고립감, 고독함, 우울감, 분노감, 절망감 등 또 다른 장애물을 만난다.

상실은 충격, 인정, 회복의 3단계를 거친다. 이 3단계를 거치는 과정의 여과 장치가 명상이다. 명상은 한 곳에 마음을 고정시켜 가라앉히는 역할을 한다. 명상은 언어를 내려놓고 마음에 일렁이는 분노와 적대감을 응시하며 조용히 내 마음을 가라앉혀 알아차림 하는 과정이다. 그렇게 나를, 내 마음을 관찰하는 것이다.

셰익스피어의 '로미오와 줄리엣'에는 이런 문장이 나온다. "사촌이 죽었다고 계속해서 울고 있어? 아니, 눈물로 그 애를 무덤에서 꺼내려고?", "그러니 그쳐라. 애통은 사랑의 표시지만 지나치면 언제나 지각없단 표시란다." 그렇다. 슬픔은 지나치면 '지각없는 표시'일 뿐이다. 스피노자는 '에티카'에서 "슬픔은 자신의 존재를 끈질기게 지속하려는 노력을 감소시키거나 억제한다."라고 말했다.

슬픔이 늘상 괴로운 것만도 아니다. 슬픔은 삶의 자극제가 되기도 한다. 유년 시절부터 지독한 가난과 집 없이 정처 없는 생활을 반복했던 레바논계 미국인 시인인 칼릴 지브란은 "슬픔은 지나가는 나그네"라고 표현했다. 그러니 오래 머물지 않는 속성을 지녔고, 스스로 오래 머물게 하지 말라는 것이다. 스님들의 출가 배경을 들어보면 이런 경우가 아주 많다. 가깝게는 우리 사회 오피니언들 가운데서도 서울로 미국으로 유학길을 떠난 주된 원인이기도 하다.

그렇게 슬픔은 내 마음을 담금질하는 과정이기도 해서, 예술가는 그 영감을 훌륭한 작품으로 승화시키곤 한다. 살다 보면 많은 일이 묘하게 얼기설기 엮이기도 한다. 생각한 것과 반대의 운이 작용하는 날이 있기도 하다. 잘 될 것 같다고 생각하는 일이 잘 안 풀리는 날, 반대로 어려울 것 같기만 하던 일이 신통하게 풀려나가는 날이 있기도 하다.

그렇게, 산다는 것은 기쁨과 슬픔이 반반씩 어우러지며 지나가는 과정이다. 결국 지나가고 나면 그때 마음을 좀 편하게 먹을 걸, 좀 긍정적으로 생각할 걸…하고 바람처럼 지나간 시간의 뒷모습을 바라보곤 한다. 그런 면에서 에머슨이 "인생은 하나의 실험"이고 "실험이 많아질수록 더 좋은 사람이 된다."는 말, 키케로의 "끝이 나기 전에는 무슨 일이든 불가능하다고 생각하지 마라."는 말에 공감이 간다.

우리가 그토록 마음에 담아두고 홀로 힘들게 어렵게 애쓴 것들, 두려움과 편견과 불신, 자신감 결여 등은 사실 우리가 경험하지 못한 미지의 세계에 대한 두려움이라기보다는, 이미 알고 있는 과거에 대한 편견과 기억에 얽매인 탓인 경우가 많다.

과거의 인간관계, 명예, 소유, 경제력, 자존감에 대한 상실을 현재와 미래에 대한 두려움으로 연결하여 생각한 것이다. 우리가 자주 떠올리는 미래상은 마음속으로 계속 되풀이하는 과거 사고와 이미지에 불과하다. 그러니 명상을 통해 지금의 나, 찰나의 나를 재발견하는 것이 중요하다. 현재 이 순간, 실존한 내 마음과 사유의 에너지를 더 탄탄하게 자유롭게 하는 길이 중요하다.

무엇을 통해? 명상을 통해서 말이다.

슬픔이란 것을 만나면 그 정서적 충격을 알아차림 하고, 용서와 자비를 통해 그것을 인정하고 포용하면 본디 공한 내 마음으로 돌아온다. 이런 회복 과정을 거쳐 슬픔과 분노의 터널을 벗어나 나를 바라보면 우리네 삶이란, 늘 그런 것이라는 것을 깨닫는다. 공한 것이다. 아무 일 아닌 것이다. 진정 나의 집착과 번뇌로 인한 업장이었다. 업장은 전생의 죄, 살면서 알고 지은 죄, 모르고도 지은 죄, 정녕 스스로 쌓아온 죄로 하릴없이 많다.

문제는 내가 내 문제를 스스로 만들고 그렇게 생각하고 그것을 움켜쥔 채로 내 사유의 공간을 빗장 걸어놓고 살아왔다는 점이다. 결국은 그것을 알아차림 하고 내려놓으면 그만이라는 사실까지 우리는 명상을 하며 깨달은 것이다. 용서하고 내려놓기가 그리 어려웠던 것이다.

그런 점에서 프랑스 시인 위고가 "사랑이란 상실이며 단념이며, 모든 것을 남에게 주어버렸을 때 사랑은 더욱 풍부해진다"라고 한 말에 크게 공감한다. 괴테는 "아무리 넓은 공간일지라도, 설사 그것이 하늘과 땅 사이라고 할지라도 사랑의 힘으로 채울 수 있다"고 말했다. 프랑스 소설사 슈와프는 "사랑은 우리 생활의 최후의 진리이며 최후의 본질"이라고 말했다.

자기계발서를 출간한 최초 작가로 알려진 미국의 데일 카네기는 "매사 의심과 두려움을 버리고 움직이라"고 말했다. 그는 "행동하지 않으면 의심과 두려움이 생긴다. 행동은 자신감과 용기를 낳는다. 두려움을 극복하고 싶다면 집에 앉아서 그것에 대해 생각하지 마라. 나가서 바쁘게 움직이라"라고 말했다.

## 불면증에 시달릴 때 나를 치유하는 바디스캔 명상

잠 못 드는 이에게 밤은 길기만 하다. 나는 오랫동안 심한 불면증에 시달렸다. 여러 방편을 찾아 노력했지만 신통치가 못했다. 그런 어느 날 호흡 명상을 통한 반복적인 마음챙김이 몸에 익으면서 평안한 잠자리, 숙면의 기쁨을 맞았다. 결국 불면증도 마음이 편안하고 몸과 마음이 여유와 균형감을 이룰 때 가능했다.

불면증 해소를 위한 명상법이 바디스캔(몸 관찰) 명상이다. 편안한 잠을 청하는 바람 하나로 바디스캔 명상을 시도했고 3주째 되던 날, 그동안 수면 습관 데이터를 확인했다. 스트레스 변화, 숙면 주기 등은 스마트 워치를 착용한 방식이었다. 요즘 스마트폰과 연동돼 다양한 앱(application)이 출시돼 프로그램을 다운로드 후 사용하면 편리하다. 물론 기기를 이용하지 않아도 일정한 시간에 잠자리를 들고 일어나는 시간을 체크만 해도 자신의 수면 습관을 파악할 수 있다.

잠자리에 들기 전에 가부좌나 누운 채로 호흡 명상을 반복해도 마음의 안정과 평안한 숙면으로 가는 길이 열린다. 호흡 명상만으로도 가능한 이유는 숙면을 방해하는 이유 중 하나가 스트레스이고 이를 몰아내는 것이 가장 큰 장애물을 치우는 일이기 때문이다. 각종 관계 속에 파생된 스트레스 요인들을 내 마음 공간에 가득하면 귀가해서도 몸은 천근만근일 수밖에 없다. 스트레스는 몰아내지 않으면 계속 쌓이고 마음을 산만하게 하고 피로를 누적시킨다. 몸도 마음이 피곤하면 쉽게 잠이 오지 않고 잠자리에 들어도 중간에 자주 깬다.

다시 잠들기가 어려우면 스트레스는 더욱 쌓이고 굳고 거칠어진 심리적, 신체적 부정적 바이러스가 된다. 이는 다시 다음날 피로감을 높이고 두통 등 다른 질환을 부르며 마음의 생채기를 키워나가는 악순환을 반복한다. 긴장감과 화를 부르는 이런 상태에 직면하면 호흡은 불규칙적일 수밖에 없다. 그래서 호흡 명상을 통해 서서히 이를 바로잡아가는 알아차림이 필요하다.

숙면을 위한 바디스캔 명상법의 첫 번째 방법은 편안한 자세를 취하는 것이다. 무릎 위에 가볍게 손을 얹는다. 무릎을 손으로 살며시 감싸는 방법도 괜찮다. 긴장을 푼다. 가슴을 편하게 열어젖히는 일이 중요하다. 마음의 빗장을 활짝 열어준다. 내 마음이 열려야 마음속의 녹슨 생채기들, 부정적 바이러스들이 빠져나갈 수 있다. 심호흡을 몇 번씩 하면서 들숨, 날숨의 숨결을 가다듬는다.

보통 호흡 명상은 코끝에 시선을 두는데, 배꼽 아래 아랫배를 출발점으로 삼는 게 좋다. 불면증 치유를 위해서는 잠들기 편안하도록 전신의 숨결, 기운, 근육을 풀어주는 것이 중요하기 때문이다. 들숨, 잠시 멈춤, 날숨을 5회 또는 3분 정도 반복한다. 들이마신 숨과 내뱉는 숨이 나가는 모습을 관찰하고 느낀다. 날숨과 들숨 때마다 내 마음과 몸이 일심동체, 이심전심으로 하나가 된다.

다시 들숨, 잠시 멈춤, 날숨을 반복한다. 이제 근육이 긴장했거나 뭉쳐있지는 않는지 느껴본다. 부위별로 호흡을 내쉬면서 풀어준다. 그 주위에 나타나는 감각을 느껴본다. 호흡을 보내는 것은 굳어서 뻣뻣해진 근육이나 신경 따위를 원래의 상태로 풀어지도록 이완 작용을 하는 것이다. 사람에 따라 바로 감각을 느낄 수 있고 전혀 느끼지 못할 수도 있다. 문제가 있다면 그냥 알아차림 하면 된다. 그대로 두고 다시 호흡을 반복한다.

이런 명상 후에도 잠을 청하기 어렵다면, 불면증이 매우 심한 경우이다. 이럴 때는 근육의 혈액순환을 곧바로 자극하는 스

바디스캔 명상 장면

트레칭을 한 후 명상 순서로 들어가면 빠른 해결책이다. 스트레칭은 맨손체조나 윗몸 일으키기 등 평소 쉽게 할 수 있는 것으로 신체를 움직여 주는 것이다.

그리고 명상할 때 평소에 자기가 평안과 즐거움을 만끽했던 자연 공간의 이미지를 떠올리면서 진행하는 방식이 좋다. 이를테면 바닷가 파도 소리, 갈매기, 물소리를 따라가거나 좋았던 여행 장소의 이미지를 떠올리면서 그 풍경 속으로 몰입하는 것이다. 이런 이미지 명상을 곁들이면 팽창한 몸은 서서히 이완되면서 그 풍경 속에 젖는다. 이윽고 숙면에 든다.

불면증 치유를 위한 명상 수행은 나만의 저녁 프로그램으로 만들어 스스로 자리매김하는 것이 좋다. 나는 이 기간에는 불필요한 모임을 지양했다. 저녁 시간은 낮에 만난 번잡한 일상을 오롯이 내려놓고 놓아주는 나만의 의례로 삼았다. 심리적 생각과 삶의 파편들은 그대로 흘러가도록 내버려 뒀다. 그렇게 잠시 만난 파도는 물결치다가 이내 그 먼바다로 떠났다.

<한국일보> 손성원 기자는 '잠 못 드는 밤엔 478호흡법…불면증에 괴로울 때'라는 제목으로 불면증 해소를 위한 호흡 명상법을 소개하기도 했는데, 대체의학 전문가인 미국 애리조나대학 앤드루 웨일 박사가 제안한 478호흡법을 소개한 것이다. 4초 동안 숨을 들이마시고, 7초 동안 멈추고, 8초 동안 내쉬면서 총 19초에 한 번 호흡하는 게 핵심이다. 앤드루 웨일 박사는 이 방식을 여러 번 반복하면 폐에 많은 양의 공기가 들어오면서 부교감 신경이 활성화되고, 세로토닌 분비가 촉진된다고 말했다.

4초간이라는 것은 하나, 둘, 셋, 넷을 세며 코로 숨을 들이 마시고 다시 하나에서 일곱까지 세며 7초간 멈춘 뒤, 하나에서 팔까지 세면서 8초간 입으로 숨을 내뱉는 방식이다. 2016년 3월 17일 <KBS2> 예능프로그램 '비타민'에서도 과체중과 저체중에 관한 내용을 방영하던 중 478호흡법을 소개하기도 했다. <MBN>도 다음날 이를 인용해 보도했는데, 방송에 출연한 전문가는 "이 호흡법을 5분만 해도 허리둘레가 10cm 정도 준다. 하루 5분 호흡으로 세로토닌이 증가할 수 있는데 세로토닌이 멜라토닌으로 전환돼 잠을 잘 자게 하기도 한다"고 말했다.

## 명상은 정반합 원리로 '관계'를 풀고 비우는 과정

물결이 치면 치는 대로 바람이 불면 부는 대로 놓아주는 것이 명상이다. 명상은 결코 복잡한 과정이 아니다. 내 마음을 먼저 내려놓을 줄 알면 절반의 성공인 셈이다. 명상이 몸에 달라붙으면서 호흡 명상은 3분, 5분, 10분, 15분으로 늘어났다. 명상 즐기기는 중년 이후 삶을 새롭고 여유롭게 해줬다. 숙면의 시간을 넘어 숙성된 사유의 에너지로 마음 편하게 어디로든지 떠나는 여행 길의 설렘이 있었다. 곳곳마다 보는 곳마다 명상 포인트였다.

로마는 하루아침에 이루어지지 않았다. 여행은 낯익음에서 낯설음을 찾아가는 여정이다. 반면 명상은 낯익음에서 낯설음의 나를 만나 정반합으로 신세계로 나아가는 마음치유 여행이다. 명상은 헤겔의 정반합 원리를 닮았다. 그동안 참이라고 인정하며 살아온 내가 정(正. Thesis)이라면, 정반대로 만나는 찰나의 나는 반(反. Antithesis)이고, 이것이 서로 만나고 부딪치는 파도가 되고 이내 온전하고 평온한 마음으로 한바다를 이루는 합(合. Synthesis), 그런 도출, 융합 과정이 명상의 길이요 과정이다.

맨 처음 명상할 때는 신비감과 선적, 철학적 이미지에 대한 고정관념 때문에 낯설고 효과에 너무 급급하고 집착했다. 그것이 나를 더 조여드는 느낌이었다. 일단 이런 자세를 지양해야 한다. 먼저 나를 사랑하고 나를 믿으면서 넉넉하고 여유로운 마음으로 시작하자. 습관적으로 끊임없이 명상하는 재미를 갖도록 하자. 그것은 나를 비우고 열어두고 열린 사랑으로 자비로움으로 상대를 대하는 것이다. 천천히, 서서히 내 마음의 물결을 그렇게 일렁이게 하자.

헤르만 헤세의 '싯다르타'에서는 오직 하나뿐인 목표는 모든 것을 비우는 일이라고 말했다. 그 목표는 갈증으로부터, 소원으로부터, 기쁨과 번뇌에서 벗어나 철저히 모든 것을, 자기를 비우는 일이다. 집착한 자아에서 벗어나 더 이상 나 자신이 아닌 상태로 되는 것, 그 무아의 세계로 가는 길이 명상이다. 텅 빈 마음 상태일 때 비로소 평정함이 들어선다. 자기를 초월한 사유의 공간에서만 경이로운 세상을 만날 수 있다. 그러니 늘 마음의 빗장이 열어두자. 이것은 싯다르타의 목표이기도 했다.

호흡하다가 멈추는 그 찰나에 '여여(如如)하다'는 표현이 자주 떠올랐다. 산스크리트어 타타타(tatahta)의 의역인 '여여하다'는 변함이 없는 마음, 한결같은 마음, 속되지 않은 마음, 있는 그대로를 마음 상태다. 있는 것 그대로의 모습이란 무엇일까? 급변하고 복잡다단한 세상 속에서 있는 그대로의 모습은 진실한 모습, 텅 빈 여백의 공간을 말한다. 그 공간에 내가 있을 때 몸과 마음이 편하고 여유롭다.

결국 호흡 명상은 당장 무엇을 하려는 조급함 대신에 근심 걱정을 털어내고 흘려보내는 데 집중하는 자세가 중요하다. 이는 일종의 긴장 풀기 과정이다. 모든 명상의 바탕이고 이 바탕에서 그 다음 문제를 푸는 게 마음의 수련, 수행 단계이다.

문제는 우리 마음은 늘 불안과 긴장감이 안개비처럼 젖고 이것이 생각을 흐리게 하면서 성가시게 한다는 점이다. 이 골칫 거리들은 도대체 어디서 오는 것일까? 프로이트 정신분석이론 따르면 인간의 의식의 틀은 의식, 전의식, 무의식으로 3단계로 구분돼 있다.

이를 섬으로 비유하면 물 위의 푸른 섬은 의식(사고, 지각) 이고 물에 잠긴 윗 수면은 전의식(기억, 저장된 지식), 해저는 무 의식(이기적 욕구, 부도독한 충동, 성적 욕망, 비합리적 소망, 수 치스러운 경험)에 해당한다.

'푸른 섬'은 이성적 사고를 하는데 의식 가운데서는 극히 일 부분에 불과하다. 대부분 무의식적으로 접한 정서적 충동과 심리 적 흔들림과 맞닥뜨려 크게 흔들리고 고통스러워한다. 이를테면 유년의 가난하고 아픈 상처의 기억, 집안 내력과 여기에 얽힌 미 움과 분노, 지난날의 좌절, 대인관계로 얽힌 일들이 생각하고 싶 지 않은데도 스멀스멀 기억의 공간으로 기어올라 아프게 한다. 마음의 바다가 출렁이는 이유다.

그 뒤안길의 일들을 잊고 앞으로 가고 싶지만, 시나브로 내 마음속에 침투한 이 부정적 바이러스들, 기억하고 싶지 않은 이름과 얼굴, 장소, 일들이 기억의 저장소에 굴 껍데기처럼 달라붙어 실낱같은 행운이나 기쁨의 물길이 스며들 틈을 차단한다. 그래서 마음은 혼란스럽다. 이 저장소가 바로 전의식에 해당한다.

이러한 전의식은 회피의 대상이지만 내 마음속으로 침입해 내 생각과 행동을 흔들고 다른 이성적 사고와 결부된다. 이러한 강한 이미지가 나의 일상생활 공간의 생각과 이미지들과 만난다. 그 찰나를 관찰하는 것이 '알아차림'이다. 알아차림의 순간을 만나면, 문제의 본질과 대응 능력을 가질 수 있는 사유의 에너지가 발동한다.

그 기억이 왜 지금 되살아나는지, 내 생각과 행동에 어떻게 영향을 미치고 있는지, 그런 원인을 찾아내 나의 인식의 전환을 주체적으로 시도할 수 있는 순간이 알아차림이고 명상의 궁극적인 과정이며 명상의 가치이며 효과이다. 그러니 명상을 통해 내 문제를 관찰하고 알아차림으로 일상생활에서 만나는 문제, 관계에 대응할 줄 아는 그런 능력, 그런 치유 에너지를 내 몸과 마음에 장착하자.

## 사는 길이 지칠 때, 오직 코끝의 숨결에 집중하라

나는 매일 5분 명상으로 하루를 시작한다. 잠자리에 들기 전에도 마찬가지다. 처음에는 3분 동안 집중하는 일도 어려웠지만, 지속적으로 실천하면서 평안한 일상 속의 행복한 습관이 됐다. 이제 명상은 삼시세끼를 챙기는 일보다 더 중요하고 의미 있는 삶의 일부이다.

　　그렇게 하루의 창(窓)을 명상으로 열고 닫는다. 명상은 하루 하루 내 삶의 행동에 영향을 미치는, 습관적으로 작동하는, 심리적 심미적 작동 에너지이다. 나아가 사회적 관계성을 원활하게 작동시키는 사유의 원리이자 의미작용이다. 그렇게 명상은 내 생각과 마음을 컨트롤 하고 치유하는 바탕이고 생명력이다.

　　아주 중요하고 놀랍고 분명한 사실은 명상을 위해서 아무것도 필요하지 않다는 것이다. 명상은 오직 내 마음이 토대이고, 그 마음이 내 마음을 한 곳으로 집중케 해준다는 사실이다. 명상 장소는 조용한 장소, 마음을 집중하는데 방해받지 않은 장소면 된다. 바닥에 앉아, 의자에 앉아, 누워서도 무방하다. 물론 처음 명상을 할 때는 되도록 바닥에 매트, 방석, 쿠션을 깔고 편안한 자세로 앉아서 명상하는 것이 좋다.

　　생각도, 옷차림도 꽉 끼어 있으면 좋지 않다. 가볍고 편안한 옷차림이 좋다. 자세는 허리를 꼿꼿하게 쭉 편다. 어깨는 자연스럽게 떨어뜨린다. 시선은 앉은 자리로부터 1m 거리이다. 다리는 결가부좌로 하는 경우는 왼쪽 발은 오른쪽 허벅다리 위에 놓고, 오른쪽 발은 왼쪽 허벅다리 위에 놓는다. 오른쪽 손등을 아랫배에 갖다 놓고 왼쪽 손바닥으로 오른쪽 손등을 감싼다.

　　무릎 위에 손바닥을 위로 가볍게 펴는 방식도 무방하다. 결가부좌 자세는 무릎 관절이 좋지 않거나 이에 부담을 느끼는 경우라면 반가부좌도 괜찮다. 반가부좌는 흔히 말하는 양반다리 자세다. 이도 불편하다면 편안한 나만의 자세를 찾아 시작하면 된다.

명상 도구 중 가장 많이 활용하는 것이 호흡 방식이다. 인간은 쉼 없이 호흡을 통해 생명 작용을 하고 명상은 이 호흡을 활용해 마음의 안정을 찾아간다. 호흡은 내 몸으로부터 가장 곁에 있고 이 호흡을 들이마시고 내쉬기를 반복하는 과정에서 스스로 알아차림을 통해 느낌, 사유, 통찰을 한다.

프랑스 작가이자 철학자인 볼테르는 "지칠 때 마음의 정원을 가꾸라"고 했다. 페르시아의 시인 잘랄루딘 루미(Jalal uddin Rumi)는 '옳고 그름의 생각 너머'라는 제목의 시에서 이렇게 노래했다. "옳고 그름의 생각 너머에 들판이 있다./그곳에서 당신과 만나고 싶다.//영혼이 그 풀밭에 누우면/세상은 더없이 충만해 말이 필요 없고/생각, 언어, 심지어 '서로'라는 단어조차/그저 무의미할 뿐."

인간은 하루라는 작은 일생을 산다. 하루라는 한 페이지씩의 일생을 기록하는 셈이다. 그 기록이 너무 많은 생각으로 사로잡히면 그 생각에 갇히고 만다. 그러면서 정신적, 육체적 피로감이 쌓이고 마음에 병목현상이 생겨 내 마음이 혼란스럽고 고통스럽다.

이런 고통은 대부분 어제의 일에서 비롯되고 오늘 내내 그 고민이 이어지면서 오늘의 여유를 맞지 못하고, 그렇게 여유가 사라진 자리에 어제 생각의 찌꺼기들이 모여 피곤함과 무기력, 우울함, 불안함, 두려움이 가득 찬다. 결국 내 마음을 치유하지 못하면서 치료의 대상자인 환자로 전락하기까지 한다.

그러니, 나날이 명상하는 삶을 사랑하자. 명상하는 습관으로 생동하는 하루, 여유와 여백의 삶을 살자. 그렇게 내 일생의 한 페이지씩의 하루를 알차게 닦고 일구어 가자.

그럼, 호흡을 어떻게 활용할 것인가? 성해 스님은 코끝에 바람이 들어오고 나가는 데만 집중하라고 말했다. 눈을 감고 숨이 들어오고 나가는 코끝에 시선을 집중하면서 들어오는 숨결과 나가는 숨결을 알아차림 하라는 것이다. 이때 들숨과 날숨 사이의 잠시 멈춤의 간격을 둔다. 들이마시고, 잠시 멈춤, 내쉬기 과정을 반복한다. 처음 3분, 5분, 10분, 30분 단위로 늘려가면서 나만의 명상 습관을 생활화하는 것이다.

생각과 고민이 많으면 주변의 소음에 신경이 쓰이는 등 좀처럼 집중하기가 어렵다. 이럴 때 그냥 스쳐 지나가도록 놔둔다. 소리가 들리는구나…집중이 되지 않는구나…그 사실만 알아차림 한 후 다시 호흡에 집중한다.

명상은 지금 이 찰나에 실존한 나를 관찰하는 일이다. 법정 스님은 "도착지와 시간을 먼저 생각하면 거기에 갇혀, 가는 길을 즐길 수 없다."면서 "인생도 마찬가지인데 삶은 과거나 미래가 아니라 바로 이 순간, 이 순간을 살 줄 알아야 한다."라고 말했다.

금강경에서도 "우주에 고정된 것은 아무것도 없다"면서 "스스로 생각에 너무 깊게, 많은 사유에 집찰할 필요가 없다."라고 했다. 명상은 그렇게 편안하게 시작해 천천히 무심히 평안으로 가는 길을 차근차근 여유롭게 걸어가는 것이다.

사람도 자연도 변한다. 그러니 그 무엇에 자꾸 집착하고 얽매이지 말자. 어제의 일, 오늘의 사사로움에 얽매인 탓에 내 발목을 잡고 사유의 공간이 멈추고 잠기는 셈이다. 명상은 나를 관조, 관찰하는 것이다. 그렇게 나를 스캔하면서 번뇌를 버리고 비우는 과정이다.

명상의 핵심은 집중력인데 집중하기가 쉽지 않은 것도 사실이다. 저마다 사람들은 근심·걱정 등 희로애락을 반복하며 산다. 사람마다 문제도 해결 방식도 다르다. 어떤 사람은 그 문제가 질병일 수 있고 어떤 사람은 단지 마음일 수 있다. 어떤 사람에게 음악은 치유의 수단이지만 어떤 사람에게는 명상을 방해하는 소음일 수도 있다.

치유든, 치료이든 애당초 안전한 해결책과 완벽한 대응법이 정해져 있을 턱이 만무하다. 명상은 그 해결의 실마리를 찾아줄 수 있다. 현재 이 순간, 그 찰나를 흘려보낸다. 그러면서 나의 감각을 관찰해 '알아차림'을 한다. 알아차림 후에는 섣불리 무엇을 판단하지 말고 어떤 문제를 해결하려고 애쓰지도 말아야 한다. 오직 코끝에 집중하여 숨을 들이마시고 내쉬면 된다. 그렇게 새로운 찰나를 만난다.

즉, 명상의 알아차림은 습관적으로 문제의 본질을 바라보지 못하고 밖에서 원인을 찾거나 대상을 탓하던 일을 멈추고 스스로 치유하는 과정이다. 명상의 길은 '있는 그대로를 관찰'하고 이것을 '알아차림'하는 것이다. '알아차림'은 궁극적으로 타자와 다른 대상물에 대해 탓하기를 멈추고 스스로 치유하는 바른 습관, 바른 생각을 하게 되는 연결고리이다.

이런 습관 속에서 내가 나를 발견하고 그런 나를 찾게 해준 나만의 명상법을 찾게 된다. 나만의 방식을 찾았다면 명상법이 거의 성공한 셈이다. 그 명상법을 일상의 호흡처럼, 그 호흡을 활용한 나만의 명상기법과 의미부여, 삶의 이정표로 삼았다면, 내 인생 에너지를 스스로 작동하는 능력과 지혜를 터득한 셈이다.


## "걱정이 고개를 쳐들 때 그걸 억누르려 애쓰지 말라"

우리 인생의 근간인 생명과 명상의 근간은 호흡이다. 좋은 명상의 조건은 몸과 마음을 편하게 하여 긴장을 푸는 데 있다. 호흡은 스트레스가 쌓이면 불규칙적이다. 불안한 마음이 들어차면 스트레스가 침투하는 길이 생기고, 그렇게 쌓이면 심장의 긴장을 유발하고 온 신경이 예민해지면서 근육과 피부가 굳어진다. 마침내 내 생각도 굳어진다. 그래서 명상의 첫걸음은 거칠어진 호흡을 고르는 이완작용에서 시작된다. 이런 과정을 통해 내 생각과 몸을 풀어준다.

그렇게 호흡하면서 나를 알아차림, 즉 스스로를 돌아보면서 답답함, 불안감, 두려움 등 번뇌와 긴장을 몰아낸다. 알아차림을 반복하면서 나의 습관을 바라보고 통찰의 계기를 마련한다. 그런 명상을 통해 나의 습관이 서서히 바뀌어 간다. 그런 순간순간의 알아차림으로 지혜로운 생각과 행동을 하게 되고 내 마음자리도 여유와 자신감이 들어찬다.

'행복을 그리는 철학자'로 불리는 작가 앤드류 메튜스(Andrew Matthews)는 "무엇엔가 몰두하라. 그것이 지금을 사는 지혜"라고 말했다. 명상을 통해 집중하는 것은 지금 우리가 의미 없는 일에 사로잡혀 번민과 걱정으로 덧칠된 마음속의 감정을 내려놓는 과정이다.

영국령 서인도제도 출생의 형이상학자이 네빌 고다드(Neville Goddard)는 "걱정이 고개를 쳐들 때 그걸 억누르려 애쓰지 말라"고 말했다. 대신 그 걱정의 부질없음에 대해 명상하라고 말했다. 꾹꾹 누르지 말고, 스스로 그 문제에 집착하지 말고, 그 마음속의 문제를 찰랑찰랑 푸른 잎들이 바람결을 타듯이 그 바람을 그대로 흐르게 하라, 감정의 바람결도 그대로 놔두라는 것이다. 저 숲의 나무들이 역풍과 역류하는 삶을 살았다면 모든 가지는 그대로 부러졌을 터이다. 그렇게 자연스럽게 무거운 감정은 그대로 내려놓으라.

저 숲의 나무들은 바람결에 간지럼을 타기도 하고 쌓인 먼지를 털어내며 탄소동화작용을 통해 지친 나무줄기를 다독이며 성장했다. 그렇게 푸른 낙엽이 휘날리는 풍경을 생각하면서 텅 빈 내 마음자리에도 새로운 바람이 불고, 그렇게 무심한 듯 들어앉은 새로운 기쁨과 평안함, 행복한 명상의 시간을 만나보자.

행복한 삶이란 어떤 것일까? 영국 철학자 실러는 "인간의 마음가짐이 곧 행복"이라고 말했다. 그리스 철학자 데모크리토스는 "행복과 불행은 마음에 달려 있다"고 말했다. 프란치스코 교황은 2016년 4월 24일 바티칸에서 열린 '청소년을 위한 자비의 희년' 행사에서 "행복은 값이 매겨져 있지 않아 살 수도 팔 수도 없다"고 말했다. 그러면서 "행복은 스마트폰으로 다운로드 받을 수 있는 애플리케이션이 아니다"라고 말했다.

교황은 그러면서 "앱을 아무리 최신으로 업데이트하더라도 사랑 안에서 자유와 위엄을 얻을 수는 없다"라고 말했다. '희년'은 가톨릭 신자들에게 특별한 영적 은혜를 베푸는 성스러운 해를 뜻하며 정기 희년은 25년마다 돌아온다.

행복(happiness)의 어원은 'happen', '일어난다'는 뜻이다. 외부에서 우연히 발생한 것이 아니라 내 마음에서 우러나는 것이다. 행복한 마음이 우러날 때 마음도 행복에 겹고 그래서 얼굴에 저절로 미소가 피어난다. 결국 행복은 내 마음에서 일어나고 우러나는 것이니, 스스로 내 마음의 주인이 되어 마음자리를 거울처럼 닦고 나만의 마음을 일구어 가는 것이 행복으로 가는 길이다.

소크라테스는 "나는 욕심을 가장 적게 가졌기에 행복과 친해졌다"고 말했다. 석가모니는 "모든 것은 이 마음에 있으며 저 마음에 있다"고 했다. 이 마음은 탐욕과 집착, 저 마음은 언어표현 이전의 통찰과 수행으로 말미암은 마음을 말한다. 이 마음이든 저 마음이든 본디 아무것도 없었던 그 마음(허심)이 진정한 마음이다.

아리스토텔레스는 "자신의 욕망을 극복하는 사람이 강한 적을 물리친 사람보다 위대하다."라고 말했다. 성철 스님은 "부처님 가르침이 팔만대장경에 담겨 있지만, 그 내용은 모두 마음 심(心)자 한 자 위에 놓인다."고 말했다. 그러니 "마음의 문제만 옳게 해결하면 일체의 불교 문제를 해결하는 동시에 일체 만법(우주에 존재한 정신적, 물질적인 일체의 것)을 다 통찰할 수 있다"고 말했다.

구약성서 잠언에서도 "자기만의 마음을 제어하지 아니하는 자는 성읍이 무너지고 성벽이 없는 것 같으니라"고 했다. 사서삼경 '대학'에서는 "마음이 없으면 보아도 보이지 않고 들어도 들리지 않는다"고 했다.

『채근담』에서는 "가장 불행한 것은 마음이 사방으로 흩어져서 스스로 마음의 갈피를 잡지 못하는 것이고, 마음을 조용히 다잡고 있는 사람은 행복하다"라고 말했다. 또한, "괴로울 때도 있고 즐거울 때도 있다. 고락이 서로 접하고 교대하는 가운데 마음은 연마되어 간다. 행복과 평화의 경지는 끊임없는 고락이 서로 접하는 경험에서 생명력을 가진다."라고 말했다. 그러면서 "인생은 고락이 서로 접해 흐르는 물속에 떠내려가는 한 조각의 나무가 아니라, 고락이 교대하며 흘러가는 동안 숭고한 정신을 얻는다. 그것이 인생"이라고 말했다.

## 기쁨과 슬픔, 순환의 삶을 컨트롤하는 이미지 명상

틱낫한 스님은 "무상과 무아는 삶의 부정적 얼굴이 아니다. 오히려 그 위에 삶이 세워지는 기반이다."라고 말했다. 스님은 "모든 것은 끊임없이 변화한다. 이것이 무상이다. 무상이 없으면 삶도 없다." 그러므로 "모든 것은 서로 의존한다. 이것이 무아다. 서로 의존하지 않으면 무엇도 존재할 수 없다."라고 말했다.

『법구경』쌍서품에는 이런 문장이 나온다. "모든 일의 근본은 마음이다. 마음이 주인되어 모든 일을 시키고 세상을 만든다. 삿된 마음으로 말하거나 행동하면 허물과 괴로움이 그를 따른다. 수레바퀴가 앞선 소의 발자국을 따르듯이". 앤드류 매튜스는 "우리 안에 기쁨이 있을 때 하는 일도 잘되며 사람들도 우리 곁에 머물길 원한다."라고 말했다.

에이징(agin)은 늙어간다는 것을 말한다. 화장품에서 피부 노화를 막아주는 효과가 있는 제품이 안티에이징이다. 세상에 늙고 싶은 사람은 없다. 마음만은 청춘이고 싶기에 우리는 나를 닦고 유연하게 연마시킨다. 기계 원리에서 에이징은 '길들인다'는 의미이다. 엔진, 부속품 등은 반복적으로 작동하면서 서서히 마모된다. 그런데 그 마모 수준이 적절하게 길들여지는 지점에서는 작동 부위가 원활하게 연마돼 전체 기계를 유연하게 작동케 한다. 이런 긍정적 원리가 기계의 효용성을 높인다.

우리네 삶도 이런 에이징이 필요한 시기와 지점이 있다. 어느 정도 에이징이 진행될 때까지 주의를 기울여 작동해야 한다. 명상은 이러한 삶의 에이징 효과를 내는 일이다. 그 가치와 효과는 내가 내 마음 방향과 속도의 컨트롤을 어떻게 하느냐에 달렸다.

1700여 년 불교 역사 속의 대표 명상법인 간화선 수행은 화두를 들은 후 좌선을 하며 깨달음을 얻으려는 참선법이다. 늘 화두를 정해 사는 삶을 살자. 자신의 화두를 정한 후 이를 읽거나, 두 사람이라면 다른 사람이 읽은 후에 집중하기 시작하고, 홀로 여행이라면 혼자 읽은 후 평온하고 진정된 마음 상태에서 호흡 명상을 한다. 화두 명상의 주제는 대부분 우리 삶의 문제를 포괄한 내용이다.

이를테면 화, 미움, 슬픔, 괴로움, 용서 등 관계의 문제를 정리한 개념어를 음미하는 방식이다. 대부분 법문이나 선지자들의 말씀을 인용해 명상의 주제로 삼고 이를 바탕으로 호흡하면서 알아차림을 한다. 화두 명상은 짧은 문장의 의미를 되새겨 내 마음을 집중시키고 그러한 마음닦기가 절정에 이를 때 공한 상태를 맞는다. 그런 호흡 명상과 집중 명상으로 내 삶은 에이징하는 효과를 가져온다.

『도덕경』은 기쁨과 슬픔, 순환의 삶을 이렇게 일러준다. "앞서갈 때도 있고 뒤처질 때도 있으며, 움직일 때도 있고 설 때도 있다. 활력이 넘칠 때도 있고 기진맥진할 때도 있으며, 위험에 빠질 때도 있고 안전해질 때도 있다. 지혜로운 사람은 그런 것들을 통제하려 하지 않고 있는 그대로 본다. 왜냐하면 세상의 기쁨과 슬픔의 한가운데서도 조화를 보기 때문이다. 그들은 순환의 중심에 있기 때문에 마음에서 평화를 찾았다."

129

법정 스님은 '오두막 편지' 글에서 굴뚝을 통해 아궁이로 내뿜는 연기로 무진 고생을 했는데, 일꾼들과 함께 아궁이와 굴뚝 위치를 바꾸는 공사를 통해 문제를 해결했다고 털어놨다. 스님은 그 과정을 소개하면서 "진정한 배움은 이론을 통해서가 아니라 몸소 겪는 체험을 거쳐 이루어진다"면서 "몇 차례의 실패를 겪으면서 구조적인 원리와 확신에 이를 수 있다"고 말했다.

스님은 걸림돌을 디딤돌로 바꿀 수 있는 것은 실패의 체험에서 비롯된다고 말했다. 스님은 "실패가 없으면 안으로 눈이 열리기 어렵다.실패와 좌절을 거치면서 새 길을 찾는다. 그렇기 때문에 전 생애의 과정에서 볼 때 한때의 실패와 좌절은 새로운 도약과 전진을 가져오기 위해 딛고 일어서야 할 디딤돌"이라고 말했다.

이런 아포리즘(aphorism)을 체험하고 이해하며 지혜로운 삶으로 체득할 수 명상의 최적 공간이 바로 해양 공간이다. 섬과 바다는 늘 우리를 감탄케 한다. 자연에 대한 경외감을 일깨운다. 섬과 바다, 그 공간에서 마주하는 장면, 풍경들은 정말이지 우리네 삶을 그대로 닮았고 한 발짝 뒤에서 나와 자연의 이치를 관찰하면서 새로운 지혜를 깨닫게 한다.

나는 그런 풍경을 만날 때마다 가슴 뭉클하고 이내 눈물을 흘리곤 했다. 때로 파도처럼 일어나 절벽 위에서, 바닷가에서 마음껏 함성을 내지르곤 했다. 그런 경이로운 해양 공간은 늘 나의 마음을 활짝 열어주고 내 영혼을 말끔하게 헹구어 주곤 했다.

조용히, 무심히 명상을 하다 보면 해안절벽에서 부서지는 물보라, 그 절벽 아래 몽돌밭으로 밀려왔다가 부서지며 다시 밀려가는 파도 소리, 그 파도에 온몸 흔들고 적시며 절벽 위에서 바위틈에서 환하게 핀 꽃들의 생명력에 감동했다. 저편 바다의 올망졸망 섬들 혹은 망망대해 바라보기만으로도 마음이 평화롭고 생동감이 넘쳤다.

　　혹은 등대 아래 앉아서 갯바람 소리와 뱃고동, 갈매기의 비행, 물결이 칠 때마다 머리카락을 헹구는 한 무더기의 해조류들의 풍경과 파도 소리에 귀 기울이며 내 마음을 투명한 물꽃처럼 닦고 다독이기에 충분했다.

　　그렇게 나는 적막한 바닷가, 갯바위, 백사장, 몽돌해변, 무인도, 외딴섬, 갯마을, 포구, 섬의 우듬지, 일출이나 노을빛이 내리는 수평선이나 숲에서 자연과 하나가 된 명상 속에서 방금 전의 내가 아님을 알아차리곤 했다. 명상은 지금 내가 아닌 방금 전의 나를 버리고, 그동안 지치고 찌들고 고통스럽던 방금 전의 내 마음을 버리고 털어내는 과정이었다. 그런 최적의 공간이 바로 해양 공간이다.

　　명상하는 자세는 우선 나에게 편안하게 맞는 자세여야 한다. 유연한 자세와 마음이 어우러져 통일성을 이룬 순간, 평안한 마음 상태에서 나든 자연이든 모든 마음과 풍경이 흘러가는 대로 그대로 놔두고 바라보기만 할 뿐이다.

　　그렇게 나는 방금 전 또 하나의 내 모습을 한발 물러서서 바라본다. 마음에 올라오는 파도 같은 그 관계, 문제, 그 이미지와 언어들, 번뇌가 파도 소리와 함께 밀려가며 사라지는 것을 바라봤다. 그렇게 나를 관찰, 통찰하는 마음챙김, 그 마음을 컨트롤하는 힘이 중요하다.

인도철학과 명상에 정통한 영국 철학가 루퍼트 스파이라(Rupert Spira)는 『알아차림에 대한 알아차림(Being Aware of Being Aware)』이라는 책에서 "명상은 스스로에게 돌아가기, 스스로를 쉬게 하는 것"이라고 말했다.

그는 "주의 집중을 이완시키고 지금 내가 겪는 일상의 경험으로부터 떨어져 나옴으로써 자연스럽게 나에게로 되돌아오고 쉬는 것", 그렇게 "알아차림의 경험을 내 의식의 전면으로 나오게 하고, 생각 · 이미지 · 느낌 · 감각 · 지각이 배경으로 물러나게 하라"라고 일러준다.

그렇게 생각과 이미지의 조화, 느낌과 감각, 지각을 활용한 명상은 관계와 문제를 알아차림 후 나를 컨트롤 할 줄 아는 호흡과 사유하는 힘의 원천이 된다. 그런 사유의 힘으로 그대로 놔주고, 그대로 보내기, 내려놓기를 한다. 그렇게 내 마음을 관찰하고 성찰하고 통찰한다. 그렇게 나를 깨닫는다.

깨달음 후 마음의 창은 밝아진다. 그런 창으로 세상을 바라본다. 그 창 속의 풍경은 내 마음의 다양한 컷으로 전환할 수 있다. 찰나에 새로운 길이 열린다. 길이 열리니 마음은 더욱 밝고 자유롭고 여유로우며 당당하다.

독서치료, 미술치료 등 심리치료의 목적과 원리 역시 이런 이미지 명상, 풍경 만들기, 액자 만들기 등 명상 기법의 연장선에 있다. 나의 감각, 감정, 생각을 달라붙은 관계, 문제와 연결성을 통해 이미지를 거울삼아 반추한다. 그렇게 나를 알아차림, 마음챙김을 한다.

## 타인의 잘못을 내 마음에서 비워내는 깨달음

금강경에서는 "우주에 고정된 것은 아무것도 없다"라고 말했다. 사람도 자연도 변한다. 멈춰 있는 것은 아무것도 없다. 우리네 삶도 행복도 늘 변한다. 해가 뜨면 지고, 지는 해는 다시 떠오른다. 얻는 것이 없다면 잃는 것도 없다. 잃는 것이 없으니 애당초 절망도 후회도 할 필요가 없다. 우리는 지금, 이 순간에 집중하는 것만 관조하고 깨닫는다. 집중하는 순간에 내 마음은 공하다. 모든 공간은 여백이다.

깨달음이란 무엇일까? <불교신문> 사장 출신으로 환경운동과 이주민 인권운동을 펼치고 있는 대각사 회주 정호 스님은 "깨달음은 용서하는 것"이라고 말했다. 나를 용서하고 내가 미워하거나, 질투하거나, 분노했던 그 대상을 용서하는 것이다. 용서로 그 문제를 털고 나면 깨달음이 온다는 것이다. 그렇게 본래의 자리를 찾는 것이다.

틱낫한 스님은 "타인의 잘못을 내 마음속에서 비워내는 것이 가장 큰 이해이고 용서이고 사랑"이라고 말했다. 죄업은 몸, 입, 생각(뜻) 세 가지에서 비롯된다. 만약 내가 다른 사람에게 몸과 입과 생각으로 잘못을 했다면 내가 평화롭고 행복하게 살 수 있도록 용서받기를 원한다. 또한 누군가가 나에게 몸과 입과 생각으로 잘못했다면 그가 평화롭고 행복하게 살아갈 수 있도록 나를 용서한다. 이것이 용서 명상이다.

세상을 살면서 자기 언행에 대해 잘못이나 부족함이 없는지 돌이켜보는 것이 반성이라면, 참회(懺悔)는 자신이 지은 죄나 과오를 깊이 뉘우치고 다시는 악업을 짓지 않겠다고 엄숙히 맹세하는 것을 말한다. 참회는 자신의 부끄러움을 안으로 꾸짖고 밖으로 허물을 드러내는 것이다. 그렇게 자기 죄를 뉘우치고 용서하며 깨닫는 것이 용서 명상이다.

정호 큰 스님은 그래도 여기까지 온 자신에게 "괜찮아, 그래도 좋았어. 그간 고생했어."라고 다독인 후 "주변에 끝없이 연민심을 불러일으켜 중생을 이롭게 하는 용서 명상을 매일 1분씩만 해보라"고 권했다.

법정 스님은 사랑의 동의어를 용서라고 말했다. "용서는 가장 큰 수행이다. 남을 용서함으로써 나 자신이 용서받는다. 날마다 새로운 날이다. 묵은 수렁에 갇혀 새날을 등지면 안 된다. 맺힌 것을 풀고 자유로워지면 세상 문도 활짝 열린다."

틱낫한 스님은 "타인의 잘못을 내 마음속에서 비워내는 것이 가장 큰 이해이고 용서이고 사랑"이라고 말했다. 달라이라마는 "우리를 힘들게 하고 상처 입힌 누군가가 있기 때문에 우리는 용서를 베풀 기회를 얻는다. 용서는 가장 큰 마음의 수행이다. 용서는 단지 우리에게 상처를 준 사람들을 받아들이는 것만을 의미하지 않는다."라고 말했다. 그러면서 용서는 "그들을 향한 미움과 원망의 마음에서 스스로 해방시키는 것이다. 용서는 자신에게 베푸는 가장 큰 선물인 것이다. 용서해야만 진정으로 행복할 수 있다."라고 말했다.

팔만대장경에 "부자의 겸손은 가난한 자의 벗이 된다."라는 문장이 있다. 탈무드에는 "다른 사람으로부터 '내려앉으시오'라는 말을 듣느니보다는 '올라앉으시오'라는 말을 듣는 편이 낫다"라고 표현했다. 영국 속담에는 "구부러지는 것이 부러지는 것보다 낫다"라고 말했다. 인도 철학자 브하그완은 "진정으로 용기 있는 사람만이 겸손할 수 있다"면서 "겸손은 자기를 낮추는 것이 아니라 도리어 자기를 세우는 것"이라고 말했다.

이런 점에서 명상하는 방법론도 매우 중요하다. 관념적이고 추상적이지 않으면서 보다 구체적으로 마음을 털어내면서 스스로 용서와 겸손, 연민심을 실천할 수 있는 깨달음의 길을 선택해 실천하는 것이다.

매일 1분, 2분, 3분씩 나에게 맞는 명상을 몸에 익게 하는 것이다. 생텍쥐페리는 끝없는 바다에서의 깨달음의 중요성을 이렇게 말했다. "배를 만들고 싶다면 사람들을 불러모아 목재를 가져오게 하고 일을 지시하고 일감을 나눠주는 등의 일을 하지 마라. 대신 저 넓고 끝없는 바다를 동경하게 하라"고.

지혜의 바다, 마음의 안식처 역할을 하는 바다를 동경하라는 것이다. 그런 바다를 깨닫는 나만의 섬이 필요하다. 내 마음의 중심이 될 그런 섬이 필요하다. 석가모니는 불법을 우리가 의지할 섬이라고 말했다. 섬은 삶의 지혜를 상징하고 고통에서 벗어나는 푸른 꿈, 깨달음의 바다로 비유하곤 한다.

번뇌가 클수록 큰 물결이 일고 파도가 높게 인다. 우리네 마음의 물결이 크고 작음을 저 바다에서 비유했다. 그런 바다에서 직접 나를 내려놓고 그런 물결을 통해 내 마음을 알아차림 하고 그런 통찰을 호흡 명상으로 내려놓고 떠나보내기를 반복한다면 바다도 내 마음도 더불어 잔잔해지는 것이다. 그렇게 파도치는 저 바닷가에 살며시 젖어 들고 스며드는 여행길에서 나는 오늘도 삼라만상의 한 매듭임을 깨닫는다.

## 모든 것으로부터 떠나라, 힘들 때 '우선 멈춤', '방하착'

『아함경』에서는 "무엇이 굴레이고 무엇이 족쇄인가. 육신은 나를 얽어매는 굴레이고 집착과 욕망은 정신을 얽어매는 굴레이다. 생각과 감정 그리고 자기중심적 사고도 나를 얽어매는 굴레요, 족쇄"라고 말했다.

『화엄경』의 일체유심조(一切唯心造)는 일체의 모든 것은 오직 마음이 만들어낸다는 뜻이다. 『법구경』의 수처작주 입처개진(隨處作主 立處皆眞)은 다다르는 곳마다 마음의 주인공이 되어서 있는 곳마다 참되라는 뜻이다.

법륜 스님은 "말없이 피어 있는 꽃을 보고도 서로 다른 표현을 하는데 각자 자기 생각과 감정으로 하는 말에 내가 흔들릴 이유가 없지요?"라면서 "어떤 칭찬이나 비난에도 걸림 없는 자유로운 삶을 사세요"라고 말했다. 그렇다. 각자의 다름과 차이 문화를 인정하면 쉽게 풀린다.

틱낫한 스님은 "나는 명상 방석에 앉을 때마다 앉아서 아무 노력도 하지 않는다."면서 "그냥 내 몸을 쉬게 한다. 아무 노력도 하지 않으니 아무 문제가 없다"고 말했다. 스님은 "무상한 몸·느낌·생각·의지·인식을 무상하다고 보면 올바른 앎을 얻는다."라고 말했다. 결국 "모이는 성질을 가진 것은 모두 흩어지는 성질을 가지고 있다."라고 말했다.

경전 『상윳타 니카야』에서는 무상(無常)에 대해 "우리의 몸(色)은 변한다. 우리의 느낌(受)은 변한다. 우리의 생각(想)은 변한다. 우리의 의지(行)는 변한다. 우리의 인식(識)은 변한다."면서 "이같이 관찰해서 일체를 떠나라. 일체를 떠나면 탐욕이 없어지고, 탐욕이 없어지면 해탈할 수 있다. 해탈한 그때, 미혹된 삶은 끝난다."라고 설명했다.

모든 현상은 매 순간 일어났다가 사라진다. 그런 생멸은 찰나마다 반복한다. 이는 내 의지와 무관하다. 인연 따라 생기고 인연 따라 없어진다. 이런 무상에 저항하고 무상한 현상에 집착하면 괴로움에 갇힌다. 그러니 자신을 내려놓고 그대로 자신을 맡기라는 것. 저항과 집착이 사라지면 평온에 이른다. 무아(無我)는 나와 내가 아닌 것과 분별이 끊긴 상태를 말한다.

조계종 총무원장 진우 스님은 <조선일보> 2024년 6월 12일 자 "행복도 괴로움도 찰나찰나 '툭' 내려놔보세요, 선(禪)명상의 시작입니다" 제목으로 보도한 명상 법문에서 이렇게 말했다.

"화나고, 힘들고, 스트레스받을 때 '툭' 내려놔보세요. 불교에서는 방하착(放下着)이라고 표현하는데 쉽게 '우선 멈춤'이라 생각하세요. 제 은사 스님은 '즐거워도 괴로워도 찰나 찰나 방하착하라'고 말씀하셨어요. 순간순간 내려놓지 않으면 집착하게 되고 경계선을 넘어 지나치게 마련이거든요. 우리가 살아갈 때도 평소엔 최선을 다하지만 힘들고 괴로울 때는 그냥 내려놓으세요… '우선 멈춤'의 효과는 상당합니다. 그렇게 앉아 있다 보면 어느 순간 내 숨소리가 들릴 것입니다. 그 숨소리에 집중해보세요. 자꾸 연습하면 기분 나빠지는 것이 줄고, 화가 덜 나고, 괴로운 마음도 어느 정도 컨트롤할 수 있게 됩니다. 내가 편안해지면 상대에게도 편하게 대할 수 있고, 상대도 다른 사람들에게 그렇게 대하면 서로서로 돕는 세상이 되지 않을까요?"

나를 치유하는 근본은 방하착이다. 내려놓기이다. 모든 것은 지나가는 것이다. 그것을 알아차리는 것, 내 행위를 아는 것, 이것을 메타인지라고 표현한다. 마가 스님은 "화를 참으면 병이 되고 그것을 인정하고 바라보면 사라진다."고 말했다. 스님은 "화에 휘둘리면 일상이 마비되고 습관화된다"라면서 "화를 다스리는 자비명상법을 인정하라"라면서 '아하 ~구나, 아하 ~겠지, 아하… 감사'라는 퍽 공감이 가는 문장을 소개했다.

이를테면 나를 화나고 짜증나게 했던 상황을 있는 그대로 열거한 후 "아하 그랬겠구나'하고 상대를 배려하고 포용하는 마음을 내주라는 것이다. 그 사람의 입장이 되어 그 이유를 찾은 후 '아하 그랬겠지'라고 생각하는 것.", "그래도 폭력을 휘두르지 않아 다행이구나, 극단적인 선택을 하지 않아 다행이구나… '아하…감사하다'라는 마음을 가지라"는 것이다.

이런 자비 명상을 하는 명상 지도자들은 '사무량심 기도문'을 소지하고 다니며 이를 읽거나 암송하면서 마음챙김을 하곤 한다. 사무량심(四無量心)은 불교의 보살이 가지는 자(慈)·비(悲)·희(喜)·사(捨) 4가지의 자비심을 말한다. 자무량심(慈無量心)은 모든 중생에게 즐거움을 베풀어 주는 마음가짐이고, 비무량심(悲無量心)은 중생을 불쌍히 여기는 마음가짐이고, 희무량심(喜無量心)은 고통을 버리고 낙을 얻어 기쁘게 하려는 마음가짐이고, 사무량심(捨無量心)은 탐욕 없음을 근본으로 모든 중생을 평등하게 보고 미움과 가까움에 대한 구별을 두지 않는 마음가짐이다.

공자는 자비를 일러 사람을 사랑하는 것이라고 말했다. 맹자는 측은지심, 즉 사람을 불쌍히 여기는 것이라고 말했다. 자비 분야의 저명한 연구가 크리스티나 펠드만(Christina Feldman)과 빌렘 쿠이켄(Willem Kuyken)은 전통적 불교의 자비와 진화론적 사고를 고려한 자비의 개념을 이렇게 정의하기도 했다.

"자비는 고통과 비애와 비통에 대한 다면적인 반응이다. 자비 속에는 친절, 공감, 관대함, 수용이 포함된다. 용기와 인내와 평정이라는 실들이 골고루 사용되어 짜인 옷감이 바로 자비이다. 무엇보다 자비는 현실의 고통에 가슴을 열고 그것을 치유하고자 하는 열망이다."

그렇게 자비 명상은 연민심과 지혜를 통해 고통으로부터 열려있기를 바라는 마음챙김 명상이다. 연민심은 고통이 완화되길 바라는 마음이며, 모든 존재에 대한 고통과 편견이 없는 사랑이다.

마가 스님이 소개한 그런 자비심, 연민심을 위한 자비 명상법이다.
들숨, 잠시 멈춤, 날숨을 3~5 정도 반복한다.
숨을 들이쉬며, 나는 내 안에 화가 있는 것을 알아차린다.
숨을 내쉬며, 내 화가 바로 나인 것을 안다.
숨을 들이쉬며, 나는 마음챙김으로 화를 알아차린다.
숨을 내쉬며, 나는 화를 조용히 내쉰다.
숨을 들이쉬며, 화는 불편한 느낌임을 알아차린다.
숨을 내쉬며, 이 느낌은 생겼다가 머물고 사라짐을 알아차린다.
숨을 들이쉬며, 내가 화의 느낌을 돌볼 수 있다는 것을 알아차린다.
숨을 내쉬며, 나는 화의 느낌을 안정시킨다.
들숨, 날숨을 3~5회 정도 반복한 후 마친다.

타인에게 자비심을 실천하는 기도문이다.
들숨, 잠시 멈춤, 날숨을 3~5회 반복한 후 시작한다.
이 사람도 나와 똑같이 삶에서 고통을 겪어 알고 있습니다.
이 사람도 나와 똑같이 슬픔과 외로움과 좌절을 겪어 알고 있습니다.

이 사람도 나와 똑같이 행복을 찾고 있습니다.
이 사람도 나와 똑같이 삶에서 무언가 배우려 하고 있습니다.
이 사람도 나와 똑같이 무한한 본성이 있습니다.
내가 당신에게 아무런 적대감이 없듯이,
당신도 나에게 아무런 적대감이 없기를,
당신이 진정으로 건강하고 행복하기를.
당신이 고통에서 벗어나 편안하기를.

아주 간단한 기도문으로 호흡 명상을 반복하는 방식도 있다.

들숨, 잠시 멈춤, 날숨을 3~5회 반복한 후 시작한다.

그대가 행복하기를~
그대가 평안하기를~
그대가 고통과 두려움에서 벗어나기를~

'그대가'를 특정한 대상의 이름으로 바꾸거나, 자신을 위할 때는
'내가'로 바꾸면 된다.

    어떠한 명상일지라도 먼저 심호흡 반복을 통해 마음가짐을
가지런하게 한 후 시작한다. 싱잉볼 종소리를 3회 울리면 본격적
으로 들숨, 잠시 멈춤, 날숨을 시작하기도 한다. 만약 홀로 하는
명상이라면 그 종소리가 울린다고 생각한 지점에서 들숨, 잠시
멈춤, 날숨을 3~5회 정도 하면서 기도문을 낭독한다. 호흡 횟수
는 더 늘어나도 괜찮다. 속으로 기도문을 음미하며 호흡해도 무
방하다.

앞서 언급한 싱잉볼(Singing bowl)은 '노래하는 그릇'이라는 뜻으로 명상 효과를 위한 도구이다. 인도, 네팔, 티베트, 히말라야 지역에서 명상하는 도구로 활용하는 청동 그릇이다. 그릇을 가볍게 치면 그릇이 특유의 금속 진동 소리를 울린다. 싱잉볼의 주파수는 나의 생체리듬에도 파동을 울리면서 스트레스 해소와 집중력 향상에 도움을 준다. 명상 때 싱잉볼을 이용하든 아니든 나에게 맞는 명상 방식, 나만의 마음 치유법을 찾아 활용하면 그것으로 좋은 일이다.

스트레스를 받는 가장 큰 원인은 관계에 있다. 인간관계가 원만하지 못하기 때문이다. 그러나 스트레스는 신체의 기능을 순간적으로 향상시켜 집중력을 높이는 계기가 되기도 한다. 위험한 상황이나 위급한 상황에서 자신의 능력보다 큰 힘을 발휘하기도 하는 게 스트레스이다. 일종의 자극제 역할을 하는 것이다. 그러니 관계의 문제가 생기면, 번뇌가 가득 차면, 고통이 따르면, 잠깐 멈춤, 내 삶의 브레이크를 밟는 마음챙김 명상의 습관이 중요하다.

호흡에 집중하는 사이, 어느새 내 마음이 평안하고 여유로움을 느낀다. 예전의 거칠던 호흡이 안정되고 마음이 평화롭고 여유로운 일상이 지속된다면 명상이 내 몸에 착 달라붙는다. 이런 명상 과정은 스트레스, 번뇌와 불안, 두려움, 각종 사회적 위치와 기준에 얽매인 내 마음을 객관적으로 바라보게 한다. 그런 내면의 여행을 통해 진정한 나를 발견한다. 이것이 나의 몸과 마음을 깊이 탐색하고 통찰하는 본성이고 명상의 본질이다.

## 환경은 마음을 바꾼다, 자연으로 돌아가라

독일의 물리학자이자 저술가인 리히텐베르크는 "인간의 소질은 모두 같다. 다만 환경이 차별을 낳을 뿐"이라고 말했다. 영국 속담에 "환경은 입장을 바꾼다"는 말도 있다. 루소는 자연 상태를 가장 이상적인 자유와 평등 사회로 봤다. 인간의 가장 이상적인 삶을 문명에 찌들지 않은 자연 상태로 본 것이다. 그래서 인위적 규정과 조건의 쇠사슬에 묶인 채 살아가는 인간들은 보다 평등하고 독립적인 삶을 위해 자연으로 돌아가야 한다고 말했다.

부산광역시 사하구 다대동에 위치한 몰운대(沒雲臺)는 안개와 구름이 끼는 날에는 잘 보이지 않는다고 해서 붙여진 이름이다. 도심에 있으면서 기암괴석과 솔숲, 바다가 잘 어우러진 경관을 자랑한다. 원래 몰운도라는 섬이었는데 낙동강 토사가 밀려와 쌓이면서 육지와 연결됐다.

몰운대는 바다에서 바라보면 학이 날아가는 모습이다. 몰운대는 낙동강 토사가 밀려온 탓에 물이 탁한 날이 많은데, 역설적으로 답답하고 번뇌가 가득할 때 이런 환경이 나를 편하고 자연스럽게 환경을 만들어  마음 내려놓기가 편하다.

나는 몰운대 바위에 올라 송곳처럼 솟은 바위 끝에 시선을 집중하며 명상을 했다. 마음을 평온하게 해주는 포인트였다. 판판하게 골라 조약돌을 깔아놔 지압할 수 있도록 배려한 바위도 있었다. 좌선이 불편한 사람은 그곳에서 편안하게 명상할 수 있다.

다대포 해변 쪽 백사장에서는 의자에 앉아 발을 담근 채 명상을 하는 사람들도 있었다. 낙조전망대도 명상 포인트이고, 바닷가 데크로드가 잘 조성돼 걷기 명상에도 좋다. 도심에서 멀지 않는 곳으로 발길을 돌려, 이처럼 일상의 환경만 바꿔줘도 일상에 찌든 내 마음을 전환해 정서적 심리적 관점 전환을 이룰 수 있다. 그런 점에서 우리네 해양 공간은 아주 매력적이고 감사한 자연환경이 아닐 수 없다.

사람은 좁은 공간, 인위적 공간에 머물거나 갇히면, 결국 사유의 공간도 좁아지고 이로 말미암아 행동도 소극적일 수밖에 없다. 고인 물이 썩듯이, 흐르지 않은 호수가 인간 삶터로 부적합하듯이, 우리네 생각도 머물면 집착과 번뇌의 족쇄에 얽매이기 마련이다. 그러니 드넓은 자연으로 떠나자. 파도치는 해양 공간에서, 더욱더 적극적이고 패기에 찬 사유력으로 물결치면서 역동

몰운대 명상 장면

144

적이면서 지혜로운, 행동하는 명상인의 삶을 향유하자.

마하트마 간디는 "네 믿음은 네 생각이 된다. 네 생각은 네 말이 된다. 네 말은 네 행동이 된다. 네 행동은 네 습관이 된다. 네 습관은 네 가치가 된다. 네 가치는 네 운명이 된다."라고 말했다.

명상 대중연설가 앤드류 매튜스(Andew Matthews)는 "지금을 산다는 건 결과를 두려워하지 않고 행동으로 옮긴다는 의미"라고 강조했다. 그러면서 "언제쯤 보상받을까 조바심내지 않고 다만 무엇엔가 몰두하라. 그것이 지금을 사는 지혜"라고 말했다. 그는 "명상이란 번뇌와 두려움, 불안으로부터 흔들리는 내 마음을 다잡기 위함"이라면서 "우리 안에 기쁨이 있을 때 하는 일도 잘 되며 사람들도 우리 곁에 머물기를 원한다."고 말했다.

네빌 고다드는 "마음에서 걱정이라는 감정을 내려놓으라. 걱정이 고개를 쳐들 때 그걸 억누르려 애쓰지 마라. 대신 걱정의 부질없음에 대해 명상하라. 그리고 즉시 마음에서 걱정이라는 감정을 내려놓으라. 그러면 자연스럽게 평정에 이르게 된다."라고 말했다.

법정 스님은 "삶은 소유물이 아니다. 삶은 소유물이 아니라 순간의 있음이다. 영원한 것이 어디 있는가. 모두가 한때일 뿐, 그러나 그 한때를 최선을 다해 최대한으로 살 수 있어야 한다."라고 말했다.

그렇게 우리네 삶이 명상을 통해 열정과 몰입의 순간으로 매일 매일 한 페이지씩의 작은 일생을 닦고 일군다면 시인 워즈워드 말처럼 "우리는 감탄과 희망과 사랑으로 사는 것이다".

# 제6장 해양 공간에서 마음치유하는 명상 방법

## 우리나라 섬, 바다, 등대 명상 포인트 208곳

명상의 최적 조건을 갖춘 곳 중에서 암자는 양양 낙산사 의상대와 홍련암, 양양 휴휴암, 양양 죽도암, 부산 용궁사, 연화도 보덕암, 고성 문수암, 남해도 보리암, 고성 문수암, 마라도 기원정사, 돌산도 향일암, 해남 달마산 도솔암, 김제 망해사, 서산 간월암, 안면도 안면암, 석모도 보문사, 백령도 연화정사 등을 꼽을 수 있다.

섬과 바다 명소 가운데 동해안에서는 화진포, 양양 조도해변, 하조대, 양양 인구해변, 삼척 추암해변, 삼척 용화해변, 심곡항 해변, 금진항 해변, 속초 영금정, 울진 죽변해변, 포항 구룡소해변, 선바위해변, 경주 감포해변, 울산 대왕암, 울주군 나사해변, 울릉도 행남해안, 울릉도 대풍감, 울릉도 석포마을, 울릉도 함구미해변 등이 있다. 제주도는 차귀도포구, 남원 큰엉해변, 서귀포 보목포구, 하효 쇠소깎해변, 성산일출봉, 시흥~종달해안도로, 서귀포 법환포구, 서귀포 주상절리대, 서귀포 색달동 갯깍 몽돌해변, 산방산 해안, 마라도, 비양도, 우도 등이 있다.

남해안은 부산 몰운대, 태종대, 대항항, 외양포, 욕지도 학동

해변, 거제도 학동해변, 거제도 신선대, 국도, 남해도 물건마을해
변, 남해도 상주해변, 고성 지란도해변, 고성 병풍바위, 고성 상
족암, 완도 정도리 구계등, 보길도 예송리해변, 망끝전망대, 금당
도 세포전망대, 금일도 해변, 생일도 금곡해변, 용출몽돌해변, 청
산도 해변, 소안도 미라리 상록수림 해변, 신지도 명사십리해변
등이 있다.

그리고 비금도 하트해변전망대, 비금도 하누넘해변, 비금도
명사십리해변, 도초도 발매해변, 도초도 가는게해변, 증도 방축해
변, 증도 우전해변, 나로도 신금해변, 나로도 염포해변, 거금도
익금해변, 거금도 금장해변, 진도 세방낙조전망대, 조도 도리산,
조도 동고리해변, 관매도, 오동도 숲해변, 낭도 산타바해변, 개도
청석포, 정목 해변, 개도 모전해변, 가거도 독실산, 흑산도 상라

서귀포 주상절리대

봉, 흑산도 대봉산 아래 해변, 홍도 깃대봉, 홍도 몽돌해변, 홍도 2구 해변, 가거도 섬등반도, 가거도 향리해변, 가사도등대, 송이도 몽돌해변, 돌산항남방파제등대, 금오도해변, 안도 이야포몽돌해변 등이 있다.

서해안은 변산반도 채석강, 위도치유의 숲, 연도 몽돌해변, 어청도 불탄여, 어청도 비안목, 장자도 장자봉, 무녀도 1구해변, 서천 춘장대, 삽시도 거멀너머해변, 고대도 당산해변, 무창포 석대도 앞 해변, 태안 안면도자연휴양림, 태안 방포해변, 만리포해변, 천리포해변, 신두리사구해변, 학암포해변, 강화도 마니산, 무의도해변, 덕적도 비조봉, 덕적도 능동몽돌해변, 덕적도 서포리해변, 이작도 큰풀안·작은풀안·계남해변, 승봉도 이일레해변, 연평도 가래칠기 해안, 백령도 두문진, 백령도 콩돌해안 등이다.

비금도 하드전망대에서 바라본 하누넘 해변

만리포해변

  등대 명소로는 동해안에서는 대진등대, 아야진방파제등대, 수산항 마리나방파제등대, 기사문방파제등대, 설악항방파제등대, 물치항방파제등대, 속초등대, 대포방파제등대, 주문진등대, 묵호등대, 죽변등대, 삼척 궁촌항방파제등대, 심곡항 방파제등대, 울주 나사방사제등대, 영덕 청포말등대, 도동등대, 울릉도등대, 해운대 청사포어항등대, 기장 칠암항장파제등대, 서이말등대, 장승포방파제등대, 가덕도등대, 영도등대, 간절곶등대, 울기등대, 슬도등대, 송대말등대, 호미곶등대, 하동 술상항방파제등대이다. 제주도는 비양도등대, 마라도등대, 우도등대, 비양도등대, 산지등대, 섭지코지 방두포등대, 추자도등대이다.

  남해안의 등대는 거문도등대, 하조도등대, 가사도등대, 목포구등대, 고하도등대, 외달도등대, 오동도등대, 백야도등대, 낭도 남포등대, 소리도등대, 당사도등대, 비금도 원평항방파제등대, 홍

목포구등대 전경

도등대, 흑산도방파제등대, 가거도등대, 가거도 방파제등대 등이
있다.

　서해안의 등대는 위도방파제등대, 고창 구시포항남방파제등
대, 선유도 기도등대, 말도등대, 어청도등대, 어청도방파제등대,
서천 홍원항마리나방파제등대, 간월도항방파제등대, 보령 무창포
방파제등대, 태안 방포항방파제등대, 모항방파제등대, 옹도등대,
격렬비열도등대, 궁평형방파제등대, 입파도등대, 구봉도낙조전망
대(타구봉도등표), 대청도등대, 선진포항방파제등대, 연평도등대,
덕적도 작은 쑥개 방파제등대, 부도등대, 이작도 작은풀안해변,
팔미도등대 등이 있다.

간절곶 구등대와 해송

## 묵호등대에서 만난 고독, 무슬목해변의 형제섬

동해안 묵호등대는 일출 전망 포인트이다. 등대에는 '해에게서 소년에게' 시를 만날 수 있고, 등대에서 내려오는 길목에 한 카페가 있는데 카페 벽에 새겨진 박인환의 '목마와 숙녀'라는 제목의 시가 나그네 발길을 멈추게 했다. 나는 젊은 날 상경 후 시낭송 테이프를 틀고 또 틀며 이 시에 빠져 고독을 달래곤 했다. 특히 박인희 가수의 목소리는 이 시에 정말 잘 어울렸다.

"한 잔의 술을 마시고/우리는 버지니아 울프의 생애와/목마를 타고 떠난 숙녀의 옷자락을 이야기한다.", "문학이 죽고/인생이 죽고/사랑의 진리마저 애증의 그림자를 버릴 때/목마를 탄 사랑의 사람은 보이지 않는다."

"······ 등대에 ······/불이 보이지 않아도/거저 간직한 페시미즘의 미래를 위하여/우리는 처량한 목마 소리를 기억하여야 한다.//인생은 외롭지도 않고/거저 잡지의 표지처럼 통속하거늘/

한탄할 그 무엇이 무서워서 우리는 떠나는 것일까 (중략) 목마는 하늘에 있고/방울소리는 귓전에 철렁거리는데/가을 바람소리는/내 쓰러진 술병 속에서 목메어 우는데…"

고독할 때는 고독이 최고의 치유 수단일 때가 있다. 이 시는 그런 치유시로 제격이다. 마음을 닦으며 마음챙김하기에 좋은 치유시에 대한 내용은 별도 페이지에서 또 다루고자 한다.

여수 돌산도 무슬목해변에서는 저편 두 형제섬을 바라보며 시 한편을 짓기도 했다. 나의 졸시 '형제섬' 전문이다.

"전생에 무슨 인연 있었을까/동백꽃 피고 지며 그리움으로 깊어간 바다에/두 개의 섬 어깨 나란히 겯고 있다//조약돌은 파도에게 씻겨 마음 다스리고/파도는 제 가슴 울려 하얀 포말을

돌산도 무슬목해변과 형제섬

흔든다/터지는 함성 참깨처럼 흩날리는 햇살들//이제 행진이다/하늘엔 갈매기, 바다엔 부표들/더 이상 떠돌지도 흔들리지도 말자/눈보라 속 꿈꾸는 복수초처럼/섬 기슭 동백꽃 생꽃 모감지로 떨어져도 이 악물고 살자//산다는 건 두 가슴이 한 마음으로 집을 짓는 것/하 맑은 한려해상 한결같이 출렁이는 섬/오늘도 두 섬 의초롭게 어깨 겯고 있다."

무슬목은 임진왜란 때 이순신 장군이 왜군을 섬멸한 무술년(戊戌年) 그해의 전적을 기리고자 무슬목이라 불렀다고 전한다. 이순신은 무슬목 건너편 남해도 노량 앞바다에서 왜병과 마지막 해전을 치르고 순직했다. 주민들은 이 무슬목 앞 두 개의 섬을 형제섬이라고 부른다. 정식 명칭은 죽도와 혈도이다. 섬마을 사람들은 오래 전부터 두개 섬을 형제섬, 세 개 섬이면 삼형제섬 등으로 부르곤 했다.

묵호등대 전경

"동백꽃 피고 지며 그리움으로 깊어간 바다에/두 개의 섬 어깨 나란히 겯고 있다". "산다는 건 두 가슴이 한 마음으로 집을 짓는 것". "오늘도 두 섬 의초롭게 어깨 겯고 있다." 외로워서 두 개의 섬이 더욱 두터운 형제애, 사랑하는 새 신랑 신부의 첫걸음, 그런 아름다운 동행으로 보인다.

행복은 그런 관계에서 비롯되고 그 관계에서 오는 기쁨과 슬픔을 반반씩 버무리면서, 무슬목 바닷가 조약돌처럼 "파도에게 씻겨 마음 다스리고/파도는 제 가슴 울려 하얀 포말을" 흔들 듯, 그렇게 마음을 닦고 일구면서 행복으로 가는 길이 아닐까.

## 안면도 노을 바다와 노부부, 니체의 여행 5단계

안면도는 우리나라 서해안 3대 낙조 명소 중 하나이다. 서해안 3대 낙조는 부안 변산반도, 태안 안면도 꽃지해변, 강화 석모도이다. 한 해를 마무리하며 꽃지해변을 홀로 걷는데 저편 백사장을 걷는 노부부가 보였다. 문득, 노을 속 바다와 노부부 풍경이 여행 트렌드를 설명한 니체의 말과 오버랩 됐다.

니체는 유년 시절부터 몸이 약해 병치레를 거듭했다. 그런 그이기에 성장기에 늘 쉼과 여행이 절실했다. 니체에게 아픔과 고독은 인생살이의 큰 진지 역할을 했다. 그에게 걷기는 삶의 무기였다. 니체는 운명적으로 여행과 자유인의 삶을 지향했다. 그렇게 내면과 이상에 충실하려는 철학자의 삶을 살았다. 그는 결단코 공간에 갇히지 않으면서 여행공간과 공감하고 체감하는 철학적 글쓰기를 지향했다. 니체는 그런 삶을 글과 인생의 에너지원으로 삼았다.

　안면도 바닷가에서 니체가 떠오른 결정적 이유는 여행자를
다섯 등급으로 구분했기 때문이다. 최하위 1단계는 관광이다. 보
는 것이다. 달리 표현하면 최하급 여행자는 수동적 여행자로서
남에게 관찰당하는 대상이기도 하다. 깃발 들고 가이드를 따라다
니는, 호텔 로비에서 모이고 안내하는 일정에 따라 이동하며 그
날그날 관광지를 둘러보는 경우이다.

　두 번째는 스스로 세상을 관찰하는 여행자이다. 노을이 지는
구나, 이곳이 그 일몰 풍경 사진에 많이 등장하는 꽃지 해변이구
나…. 세 번째는 관찰 결과를 체험하는 여행자이다. 썰물이 되니

안면도 꽃지 노을 풍경

안면도의 두 섬인 할아비 할머니 섬으로 건너갈 수가 있구나, 조개를 캐며 갯벌체험을 할 수 있구나…그렇게 생각할 수 있는 유형이다.

네 번째는 체험한 것을 일상 속에서 몸에 지니고 다니는 여행자이다. 일몰 포인트, 갯벌체험 코스를 정리해 틈틈이 섬과 바다를 즐길 줄 아는 여행자이다. 마지막 최고 여행 등급은 이런 해양 공간을 관찰하고 체험한 것을 체득하여 일상에서 향유하고, 삶에 반영하는 능동형 여행자이다. 이런 유형은 일몰 풍경을 사진에 담아 작업실에 붙여놓고 창의적인 그림으로 창작하고, 시로 짓고 사유하며 또 다른 상상력을 확장시켜 작품으로 결부시킬 줄 아는 창조적 인생을 사는 여행가이다.

모든 것은 변한다. 찬란한 자연도 삶도 결국 저문다. 해가 뜨면 기울고 저무는 해는 다시 떠오른다. 나는 학부생 수업 때마다 저 노부부 사례를 말하면서 젊은 날에 다양한 여행을 즐길 것을 권하곤 했다. 왜? 세상 풍경은 시나브로, 찰나마다 변함으로. 그렇게 풍경은 변하고 그 풍경에 대한 감흥도 매 순간 다르다. 그것은 30년 넘도록 섬여행을 하며 절감한 교훈이고 지혜이다.

이를테면 등대의 경우 노을 지고 이슬비 내릴 무렵에 그 불빛이 최고 운치를 연출한다. 그때 등대 불빛이 팔랑개비처럼 네 줄기로 돌아가는 모습이 선명하다. 잔잔한 바다, 해안절벽에 강렬하게 부서지는 파도, 백사장에 쏴아와 엎드리며 젖어 드는 그 파도의 모습은 그때마다 느낌의 질감이 다르다. 그렇게 노부부의 풍경은 나의 마지막 장면으로 다가와 사유의 스펙트럼을 여러 각도로 돌려줬다.

## 정도리 구계등 몽돌해변의 유년시절과 상처

상록수림이 해안가로 병풍을 친 완도 정도리 구계등 몽돌해변은 초등학교 소풍 명소였다. 숲속과 몽돌 사이에서 보물찾기하고, 파도 소리를 배경음악으로 삼아 노래자랑을 하곤 했다. 다큐멘터리, 영화 등 촬영 명소일 정도로 분위기 자체가 명상에 제격인 해양 공간이다. 몽돌밭, 갯바위, 숲에 앉아 흘러간 마음을 바라보고 있노라니, 어느새 애닳고 아픈 추억, 고통의 뒤안길에 만난 얼굴들에게 '미안해', '고마워', '사랑해'의 마음을 보내고 있었다.

완도 구계등 몽돌해변 노을 무렵

한동안 들숨, 잠시 멈춤, 날숨을 반복하며 명상하는 동안에 나는 무거운 생각들, 마음 언저리에 따개비처럼 붙은 생채기들을 뚝, 뚝 떨어뜨리는 것을 보았다. 껍데기가 떨어져 나간 자리에 몽돌처럼 윤기 난 그 무엇인가가 파도 소리처럼 솟구쳐, 몽돌밭으로 빨려 들어갔다. 파도는 잘디 잔 물길로 흐르더니만, 그 텅 빈 마음자리에 해조음을 켜고 있었다. 텅 빈 유리병에 구슬이 움직이듯이, 내 마음에도 맑고 밝은 윤기가 작은 깻돌에서 재잘재잘 부서지는 햇살처럼, 천진불처럼 미소를 짓고 있었다.

　결국, 5분 동안의 명상에 빠진 후 나는 번뇌와 고통도 한 잎의 편린일 뿐임을 알아차림 했다. 생각의 파편은 파도처럼 찰나일 뿐, 영원하지 않음을 명료하게 알아차림 했다. 내가 끌어낸 고뇌와 아픔은 내가 키우고 연상한 것일 뿐, 그저 스쳐 지나는 작은 번뇌의 조각이었을 알아차림 했다.

　나에게 몽돌해변은 아름다운 유년의 추억을 떠올리는 장소이다. 큼직한 몽돌은 고향 집 마당 화단의 울타리가 되기도 했고, 큰고모 작은고모가 마루에 앉아 서로 장단을 맞춰 빨랫감을 방망이질하던 추억 속의 다듬잇돌이기도 했다. 바닷가에서 그런 새록새록 추억을 떠올리며 여러 생각이 파도쳤다. 그때마다 미소를 머금으며 여유로움을 만끽하기도 하는 등 바다 풍경은 한 컷 두 컷씩 색다른 내 마음의 액자가 되었다.

　그러나 추억은 또 다른 생각을 물고 이어져 청년기의 아픈 추억까지 되살아나게 했다. 장수한 할아버지 할머니를 어렵게 부양하는 어머니와 고모 사이, 시누이 올케의 불편한 관계에서 거친 말투가 오가는 장면을 목격한 나는 고모들과 큰 말다툼을 벌였다. 고모와 관계가 그렇게 틀어져 오래도록 지속됐다.

지금은 연락이 두절된 상태이다. 이 바닷가 몽돌해변에는 횟집과 펜션이 있는데 이 해변에서 어머님 칠순 잔치를 했었다. 밝고 어두운 숱한 장면이 스치는 공간이다. 그래서 나는 명상, 이른바 자비 명상을 한 것이다.

심호흡을 3회 정도 하며 숨을 골랐다. 그리고 다시 3분 정도 집중적으로 호흡하면서 그 대상, 즉 고모를 떠올렸다. 숨을 들이마시고 잠시 멈추고 다시 내쉬고. 내 마음의 기도문을 정리해 진심으로 내 마음의 울림을 전해보기로 했다. 지금 어디선가 열심히 살아가고 있을 고모들에게.

"고모가 행복하기를, 고모가 평안하기를, 고모가 고통과 두려움에서 벗어나기를, 고모도 나처럼 괴로움을 겪으며 고통에서 벗어나려 애쓰고 계십니다. 고모를 존중합니다. 고모는 있는 그대로 아름답고 깨달음의 참 성품을 지닌 우주의 귀한 존재이십니다."

이렇게 내 마음을 보내는 명상은 호흡을 기반으로 마음의 본질을 찾아 깨닫고 평온을 이루는 과정이다. 코끝에 시선을 두고 들숨과 잠시 멈춤, 날숨을 반복한다. 그렇게 들숨, 날숨 과정에 집중하다 보면 어느새 문제의 대상에서 말미암은 아픔과 미움, 잡념들이 녹아들고 사라진다.

이처럼 다른 사람과 생명에 대해 너그러이 이해하고 사랑하고 감사하는 마음을 확장시키는 집중 명상 중 하나가 자비 명상이다. 앞서 얘기했듯이 우리는 세상을 살면서 수많은 관계를 맺으며 살아가는데, 그 상대를 용서하고 인정하고 이해하면서 내마음을 스스로 치유하고 공존하는 삶을 지향하는 방식이 명상 수행이다.

바닷물이 빠져나간 밑바닥의 바다를 찬찬히 바라보고 있노라면, 인간의 군상, 초상을 그대로 대면할 수 있다. 잘디잔 파편, 미생물이 넓고 깊은 바다의 해저를 이룬다. 썰물의 바다에는 짱뚱어가 오십보백보로 뛰고 있다. 갯지렁이가 온몸으로 기어간다. 한 눈으로 걷는 게도 있고 고통스럽게 집을 둘러메고 걷는 게고동도 있다.

그리고 아무 일 없는 듯, 다시 밀물이 밀려와 그 바닥난 바다를 채운다. 그렇게 바다는 수평을 이룬다. 그런 과정을 바라보며 자연 순환, 자연 순응의 원리를 알아차린다. 내 사유의 깊이와 방향에 따라 밀물과 썰물의 느낌, 빛과 어둠의 느낌이 다르고, 실상은 모두 한 자연의 모습임을 알아차린다. 본디 하나로 공존 상생하는 공간이었음을 알아차린다. 내 생각이 거기에 집착하여 머물러 있으므로 인해 내 생각이 달랐던 것임을 알아차린다.

그렇게 묶인 번뇌가 파도처럼 풀려 사라지고 나면 모든 것은 공(空)임을, 모든 것은 허상이고 무상임을 깨닫는다. 아리스토텔레스는 그렇게 "극복하는 사람이 강한 적을 물리친 사람보다 위대하다"라고 말했다. 산다는 일도, 명상하는 과정도 그렇게 내가 나를 다스리는 일이다. 명상의 키워드는 내 마음이다.

여행가이자 철학자인 푸르스트는 "진정한 발견이란, 새로운 땅을 찾는 것이 아니라 새로운 눈으로 보는 것"이라고 말했다. 법정 스님은 그렇게 "열린 마음으로 바라보는 것이 명상"이라고 말했다. 스님은 "이 생각 저 생각으로 뒤끓는 번뇌를 내려놓고 빛과 소리에 무심히 마음을 열고 있으면 잔잔한 평안과 기쁨이 그 안에 깃들게 된다"고 말했다.

## 서해 끝섬 격렬비열도, 허공에 걸림 없는 삶

동해 끝섬이 독도라면, 서해 끝섬은 격렬비열도이다. 두 명의 등대원 뿐인 섬이다. 나는 이 난바다의 섬에 도착한 다음날 풍랑주의보를 만났다. 해상날씨는 사나흘 격렬했다. 격렬비열도는 서격렬비열도, 동격렬비열도, 북격렬비열도 등 삼형제 섬이다.

섬들은 1.8km 간격으로 어깨 걸고 출렁인다. 그날 섬과 해협의 골바람은 정말 거칠었다. 망망대해 파도는 뒤집어지고 일어서며 흰 거품 물고 등대섬으로 달려들었다. 이를 바라보고 있노라니, 우리네 인간이 얼마나 미약한 존재인가를 실감했다.

격렬비열도는 화산폭발로 현무암과 유문암, 화산재가 쌓여 형성된 섬이다. 이 섬은 7000만 년 전 우리나라에서 가장 먼저 형성된 섬으로 알려졌다. 섬 지형은 파랑의 영향을 크게 받은 암석해안을 중심으로 해식애와 각각의 바위섬들이 쪼개져 점점이

서 있다. 이른바 시스택을 이룬 섬은 그 모습이 장관이다.

섬에는 원추리, 해국, 억새가 군락을 이루고 찔레꽃, 갯메꽃, 딱총나무, 산뽕나무, 천문동, 쇠비름, 쇠무릎, 동백나무 동굴, 사철나무 등이 자란다. 괭이갈매기 집단번식지이기도 하다. 조각품처럼 깎인 주상절리대 위에서 서해 끝섬 풍경을 카메라에 담고 있노라니, 절벽 틈에서 핀 푸른 솔과 동백, 해국과 눈이 마주쳤다. 정말 귀한 생명들과 만남이다. 이 생물들은 억겁의 세월 속에서 해풍을 맞으며 살아왔다. 그래서 그 미소와 자태가 더욱 경이롭고 아름답기 그지없었다.

나는 그 절벽 위에서 망망대해를 바라보며 두 눈 지그시 감고 명상을 했다. 들숨, 잠시 멈춤, 날숨…그렇게 호흡을 가다듬는 순간, 저 바다 풍경 속으로 깊게 빨려 들어갔다. 서해 끝 섬에서의 명상은 3분, 5분, 10분 계속 깊어졌다. 명상하는 내 마음은

격렬비열도 절벽 위에서 망망대해를 카메라에 담는 필자

평온하고, 평화스럽고 안정됐다.

　거친 파도와 습도가 최고조를 이룬 북격렬비열도 등대섬은 처음 호흡할 때는 주변 환경 탓에 거칠고 오만가지 생각이 경계와 경계를 넘나들었다. 해풍, 파도소리, 갈매기 울음소리, 경비정 뱃고동소리… 코끝에 호흡을 집중하며 들숨, 날숨을 반복했다. 호흡이 반복되면서 스스로 경계가 허물어졌다. 허무는 것은 잊는 것이다. 잊는 것은 버리는 것이고 비우는 것이다.

　그렇게 공하다. 모든 것이 사라졌다. 그 텅 빈 마음자리를 알아차림 했다. 순간, 나도 없다. 나와 관계를 맺는 주변 소음들은 잠시 바람처럼 지나가는 집착의 무리일 뿐이다. 분별하려는 생각이 머물수록, 버리는 시간은 더디다. 호흡도 거칠다. 그때마다 들숨과 날숨을 반복했다. 오직 숨결에 집중한다. 경계 없는 세상의 텅 빈 순간을 맞는다. 그 무엇도 나와 상관없음을, 나도 없음을 깨닫는다.

　이처럼 위빠사나(통찰 명상)와 사마타(집중 명상)이 어우러져 삼매(사마티)에 든다. 이것이 참선이다. 사마티(samadhi)는 산스크리트어로 잡념을 버리고 한 가지 대상에만 정신을 집중하는 것을 말한다. 이 경지에서 바른 지혜를 얻고 대상을 올바르게 파악한다.

　참선은 의식이 통일되고 고요히 가라앉은 상태를 말한다. 마음이 고요해져 고요 명상이라고도 부른다. 참선은 여러 형태 중에서 가부좌를 틀고 하는 좌선 방식이 가장 강력하다. 참선을 통

164

해 명상자는 몰입 상태(사마티)에 빠진다. 그 상태에서는 일상적 심리작용에서 벗어나 마음이 확고하게 안정감을 이루며 집중력이 크게 증대된다.

참선 단계는 먼저 숨을 느끼면서 들이 마시고 잠시 멈췄다가 내쉬시기를 반복한다. 그렇게 몸의 평온함, 가벼움을 느끼는 순간을 맞는다. 몸을 알아차리는 여기까지 단계를 '신념처(身念處)'라고 한다.

그 다음 숨을 들이마시고 내쉬는 과정에서 도파민이 분비되면서 희열감을 느낀다. 거친 파도 소리가 청량하고 기쁨의 물보

절벽 위에서 명상하는 장면(그림=김충호 화백)

라로 내 마음에 스며든다. 내 마음에 역동적 에너지가 솟는다. 숨을 들이마시고 내쉬는 과정이 자연스럽다. 파도 소리도 망망대해도 내 마음에서 평온해진다. 내 마음의 느낌을 알아차리는 이 단계를 '수념처(受念處)'라고 한다.

이제 나는 내 마음을 한 발짝 떨어져 바라보며 숨을 들이마시고 내쉰다. 나는 또 하나의 나를 바라본다. 나는 이 바다의 한 공간에서 일체감을 이룬다. 해안절벽에 부서지는 물보라는 꽃이 되기도 하고, 바람에 나부끼는 야생화밭과 야생동물들이 자유로이 노니는 모습에 미소를 머금는다. 부정적 의식이 모두 사라지고 오직 내 마음에 집중된 이 상태가 삼매이다. 탐진치(貪瞋痴)가 사라진 마음자리는 기쁨과 자유로 가득 찼다. 이 단계가 '심념처(心念處)'이다.

마지막으로 무상(無常)을 바라보며 숨을 들이마시고 내쉬는 과정에 이른다. 번뇌를 다스리는 가장 큰 지혜를 만나는 순간이다. 집착한 찰나 이전의 욕망과 번뇌가 가벼운 바람결처럼 스쳐 지난다. 집착과 번뇌, 탐욕이 스치며 꺼진다. 모든 것을 놓아 버린 상태이다. 아무것에도 관심이 없다. 입맛도 없다. 텅 빈 상태이다. 내 마음, 대상과 현상, 본성을 알아차림 하는 이 단계가 '법념처(法念處)'이다.

그렇게 저 섬, 망망대해가 내 마음으로 줌처럼 당겨진다. 그런 풍경과 내 마음자리가 하나가 된다. 거친 물결도 꽃으로 피어난다. 그대로 아름다운 한 풍경이다. 꽃은 세상과 조화를 이루며 산다. 온 세계와 하나의 꽃밭이다. 세계일화(世界一花), 저마다 인연의 꽃들이다.

    1945년 수덕사 암자에 머물던 만공 스님은 일본이 항복하고 조국이 해방됐다는 소식을 접한 다음 날, 암자에서 내려오며 길가에 딴 몇 송이 무궁화 꽃으로 '세계일화(世界一花)' 글씨를 썼다. 현재 수덕사에 편액으로 걸려 있다. 우리도 명상을 통해 그런 꽃이 되자.

    화엄(華嚴)은 여러 가지 수행을 하고 만덕(萬德)을 쌓아 덕과(德果)를 장엄하게 하는 일이다. 화엄의 핵심은 법계연기(法界緣起)이다. 모든 현상은 함께 의존하여 일어나, 걸림 없이 서로가 서로를 받아들이고, 서로가 서로를 비추면서 끊임없이 흘러가는 장엄한 세계를 말한다. 이런 관점을 명상으로 전환해 호흡하면서 마음챙김하여 나만의 세계를 연다.

나는 그날 등대 소장과 직원 한 분이 근무 중인 격렬비열도등대 옥상으로 발걸음을 옮겨 다시 명상에 집중했다.

    "소리에 놀라지 않는 사자처럼, 그물에 걸리지 않는 바람처럼"(『수타니파타』), "마음에 걸림이 없고 마음에 걸림이 없으니 두려움이 없고 헛된 꿈에서 벗어나"(『반야심경』) 그렇게, 사는 일이 무엇인지, 바람과 파도에 흔들리지 않는 삶이 무엇인지, 자유롭고 지혜로운 삶이란 무엇인가를 깨달으며 한동안 집중 명상을 했다. 명상 후 그 마음이 얼마나 평온하고 행복했는지 모른다. 풍랑주의보가 내린 섬이었지만 마음이 평온하고 안정감을 이뤘다. 그렇게 맞는 바다 풍경은 아주 선명했다.

이런 명상여행에 대해 매튜 프릭스타인(Matthew Flickstein)은 "우리가 우리 삶의 숨겨진 부분들을 알아차림의 빛으로 꿰뚫음으로써 우리의 행동들은 더 원숙해지고 우리의 마음은 고요해지는 경향이 있다."라고 말했다.

그는 "우리의 마음이 점점 더 고요해짐에 따라 우리의 명상은 더 많은 통찰력을 일으킨다."면서 "그런 연후에 이런 통찰력은 삶이 능동적인 부분으로 변화되도록 도움을 준다"라고 말했다.

통찰은 경험의 실제 그 자체, 현재 순간에 근거한다. 지혜에 바탕을 둔 개념이다. 지식은 과거의 기록이고 기억의 저장소일 뿐이다. 교육이나 연구 과정을 중심으로 체계화된 결과물이다. 지혜는 지식의 대립 개념이다.

지혜는 사물의 이치나 상황에 대한 깨달음의 산물이다. 그로 말미암아 어떤 상황에 현명하게 대처할 방도를 생각해 내는 정신의 능력을 말한다. 불교에서는 미혹을 끊고 부처의 진정한 깨달음을 얻는 힘이라고 정의한다.

나는 수십 년간 섬과 등대를 찾아 길든 삶에 절였다. 뒤돌아보면 섬과 바다, 등대는 지치고 건조한 도시살이에 청량제 역할을 했다. 연약한 인간에게 넓고 지혜로운 자연의 이치를 깨닫게 했다. 그 많은 섬, 등대, 바다, 어부, 등대원, 마도로스, 갈매기들과 기쁜 인연을 맺어줬고, 그 풍경은 늘 처음처럼 한결같이 내 마음의 정겹고 아름다운 액자를 만들어줬다. 이미지 명상의 무궁

무진한 선물을 받은 셈이다.

나는 섬여행 후 일상으로 돌아와서도 그 풍경 액자를 거울 삼아 명상했다. 그렇게 내 마음의 풍경은 푸른 섬이 되고 바다처럼 출렁였다. 그렇게 때로 울적하고 답답할 때 치솟는 번뇌를 털어내고 버리는 공간이 되어 주었고 사유의 힘을 키울 수 있는 바탕이 되었다.

## 내 마음은 허공을 나는 새가 되고, 파도 소리는 꽃을 피워 물고

명상여행은 나만의 치유 풍경 만들기인 셈이다. 그렇게 명상은 내가 만난 기억 속의 이미지들을 통해 미움, 분노, 아픔, 불안감, 두려움, 트라우마, 그리움, 고마움 등의 감정과 연결된다. 반대로 그런 풍경을 도구로 삼아 내 마음을 감았다가 그대로 놓아주는 도구가 됐다.

그렇게 나의 감정과 느낌을 나에게 또는 누군가에게 전하고 풀어내는 마음치유 커뮤니케이션이 되었다. 이런 명상 훈련은 일기쓰기, 마음 수행, 법문 듣고 읽기, 인문학적 상상력을 활용해 사유의 깊이와 넓이를 제어하는 의지와 힘의 에너지로 충전됐다.

나는 섬, 바다, 파도, 등대 등 수없이 마주한 해양 공간의 상징적 이미지를 나만의 풍경으로 만들어 부적처럼 마음에 담아두고 아로새겼다. 그렇게 자연스레 마음치유 제어의 힘이 생겼다. 마음치유는 일단 내가 나를 굳건히 믿는 데서 비롯된다. 흔들림 없이 살고자 노력하는 나를 스스로 다독이고 사랑하고 고마

워했다. 그런 자세는 반드시 전제되어야 한다.

명상할 때 눈을 감고 호흡에 집중하려는 데 자꾸 숨소리가 더 크게 들리거나 주변 소음 등이 더 크게 들려올 때가 있다. 그때는 이를 알아차림하고 다시 집중했다. 내가 경험한, 평안했던 여행 장소와 풍경을 떠올리며 거기에 집중하면서, 나도 그렇게 섬이 되고 바다가 되고, 바닷가 몽돌이 되어 자연환경과 물아일체를 이뤘다.

그렇게 해양 공간의 이미지들은 마음과 자연이 조화롭게 일체감을 이루게 하는데 큰 매개 역할을 했다. 이런 명상 수행을 지속하면서 어떤 장소에서도 나를 제어하는 힘이 생겼다. 그리고 훌쩍 여행을 떠나 어느 섬, 어느 바닷가, 어느 등대 아래서든 쉽고 편안 명상을 할 수 있었다. 그렇게 자연스럽게 해양 공간의 풍경 속에 스미고 젖어들며 하나가 됐다.

상담 전문 칼럼니스트이자 방송 진행자인 장재열 씨는 저서 『마이크로 리추얼: 사소한 것들의 힘』에서 명상을 하면서 가장 중요한 요소 중 하나가 시각화(visualization), 즉 이미지를 떠올리는 명상이라고 말했다. 이미지 명상은 뇌 활성화와 명료하고 집중력을 키우는 효과가 뛰어나다. 그이의 명상법은 이랬다.

숨을 길게 들이마시고, 내쉽니다.
한 번 더 깊게 들이마시고, 내쉽니다.

자, 이제 입꼬리를 끌어올려 가벼운 미소를 지어주시고,

세 가지를 연상해보도록 하겠습니다.

첫 번째, 나를 미소 짓게 만드는 장소 또는 풍경을 떠올려봅니다.
잊을 수 없는 카페도 좋습니다.
잊을 수 없는 석양이 아름다웠던 여행지 바닷가도 좋습니다.
그 장소 또는 풍경을 떠올리면서 두 번 심호흡 합니다.

들숨, 날숨
들숨, 날숨

두 번째, 그 장소 또는 풍경을 그대로 떠올리면서,
거기에 나를 등장시켜보세요.
그곳에 있는 나는 어떤 표정을 하고, 어떤 행동을 하고,
어떤 감정을 느끼는지 살펴보세요.
그 기분 좋은 장소 또는 풍경 속에 있는 나를 보면서 심호흡합니다.

들숨, 날숨
들숨, 날숨

세 번째, 미소가 지어지는 풍경 속의 나에게,
혹시 전하고 싶은 말이 있나요?
3초만 멈춰서 생각해봅니다.
이제 그 전하고픈 메시지를 심호흡에 담아 또 다른 나에게 전송해봅니다.

노을 무렵 무의도해변의 갈매기

들숨, 날숨
들숨, 날숨


리처드 바크의 『갈매기의 꿈』에서 갈매기 조나단은 다른 갈
매기들의 따돌림과 자신의 한계에도 좌절하지 않고 끊임없는 자
기 수련을 시도한다. 조나단은 마침내 무한한 자유를 만끽하는
초현실적인 공간으로의 비행을 떠났다.

조나단은 "가장 높이 나는 새가 가장 멀리 본다"는 삶의 진

172

리를 깨달았다. 조나단은 "어느 곳이건 최대한 빨리 날려면, 네가 이미 그곳에 도달했다는 믿음을 가지고 시작하라"고 말했다. 그렇게 어디든, 언제든 가고 싶은 곳으로 갈 수 있었다. 어느 곳이든 언제든 생각이 나는 대로 날아다녔다.

조나단의 비행 수련 과정은 이미지 명상의 좋은 사례이다. 한계의 알아차림과 한계를 극복하는 감각적 경험과 관찰을 반복하는 방식은 우리네 삶이 지향할 명상 방식이고 명상의 원리이다. 우리도 해양 공간에서 조나단처럼 멋진 창공으로 훨훨 비행하는 이미지 명상을 해보자.

『법구경』 나한품 4장에서도 비상하는 새가 등장한다. 마음을 비워 근심이 없는 자리, 그 허공에 새가 되어 날아가며 자유를 만끽하는 장면이다.

허공을 날으는 새가
멀리 훨훨 날아 걸림이 없듯이
세간의 번뇌가 다하여
다시 음식에 연연하지 않네.
마음을 비워 근심이 없으니
이미 열반에 이르렀네.
그 모습 마치 허공을 날으는 새가
잠시 내려 앉았다가
문득 떠나가는 것과 같네.

그렇게 섬으로 가는 여행은 트라우마를 털어내는 여행일 때가 있고, 누군가를 용서하는 여행일 때도 있었다. 그렇게 해양 공간은 늘 나를 위로하고 포근하게 안아줬다. 바람 불면 부는 대로 물결치면 치는 대로 나는 섬길을 걸으며 바닷길을 걸으며 그 섬과 바다를 사랑했다.

파도는 나에게 때로 통쾌하고 부서지는 풍경이었고, 때로는 나를 철썩철썩 채찍질하기도 했다. 그렇게 나는 푸른 파도처럼, 푸른 섬처럼 살고자 노력했고 본래 깨달은 그 자리로 돌아와 세상을 바라보는 나의 창을 닦고 삶의 힘을 얻었다.

자연은 오류가 없다. 오해도 없다. 자연의 극치는 오직 사랑이다. 그러기에 애오라지 사랑에 의해서만 자연에 접근할 수 있다. 하늘과 바다가 맞닿는 수평선. 그곳에서 출발한 파도는 파랑에 패인 바위섬 구석구석 틈새를 따라 소쿠라진다. 멍든 자국 식히고 씻으며 밀려가는 파도 소리. 그 울림에 귀 기울이면 함께 공명하며 호흡하는 나를 만난다.

이 무한한 공간의 파도 소리가 꽃을 피워 물고 오듯이 하나의 사유가 다가서고 또 다른 사유가 들어섰다. 그 바위 곁에서 들숨, 잠시 멈춤, 날숨을 거듭하는 명상 속에 풍경은 선명해지고 파도소리에 젖어들수록 틈새마다, 흐르는 작은 물소리와 파도 진동이 신기루 아지랑이처럼 피었다가 사라지기를 반복했다. 이내 그 신성한 기운에 휩싸였다. 파도가 들썩이는 감각적 느낌도 숨소리도 들리지 않았다. 그 순간의 공함을 보았다. 해양 공간에서 관조, 관찰, 통찰의 순간은 그랬다.

문득, 이런 사유의 공간이 주는 현상과 그 공함(여백)이 주는 선명상, 참선 효과 때문에 저기 저 해안절벽 위에 암자가 있는가 싶었다. 텅 빈 충만이 바로 이런 것인가 싶었다. 그 틈틈이 한 겹 두 겹 새롭고 푸른 파도 소리가 하얗게 솟구쳤다. 방울방울 이슬처럼 부서지고 파도 소리와 함께 한 풍경이 포개졌다.

그것은 꽃이거나 어느 고승의 사리 빛으로 다가오기도 했다. 다시 그 틈새는 점점이 커지고 거대한 우주가 됐다. 나도 우주의 일원이지만 내가 없다. 결국, 망망대해 바위섬에 있는 내 마음에는 모든 경계가 사라졌다. 수평선도 사라졌다. 그렇게 집중 명상은 기쁨과 환희의 빛줄기로 가득 찼고 찬란했다. 무상 무아의 세계가 이런 것이구나 싶었다.

## 바닷가 시낭송 촛불 명상, 여류시인은 눈물을 흘리고

스스로를 섬으로 삼고 스스로를 의지하라. 『마하파리닙바나』 경전에 나온 말이다. 불법을 섬으로 삼고 의지하라는 뜻인데, 이 역시 마음이 바탕이고 그 마음에서 깨달음이 샘솟는 법. 『대반열반경』에서도 "스스로를 등불로 삼고 진리를 등불로 삼으라", "스스로에 의지하고 진리에 의지하라"라고 말했다.

섬에는 숱한 삶의 기호들이 생멸하고 나부낀다. 지혜의 꽃들이 피고 진다. 해양 공간에서의 명상여행이 얼마나 뛰어난 효용성을 지녔는지를 실감케 한다. 이러한 해양 공간은 그대로 해양 문학의 보고이고, 이미지 명상, 예술 명상의 무대이다.

삼면이 바다인 우리나라는 발길 닿는 곳마다 아름답고 넉넉한 명상 공간을 갖췄다. 그렇게 타고난 자연환경에서 나를 읽고 지혜를 캘 수 있는 명상, 다양한 명상을 통해 삶의 등불, 진리의 등불를 밝히고 삶의 이정표를 마련하는 마음챙김 여정이야말로 진정한 해양치유여행이다.

특히 나는 수십 년째 섬, 바다, 등대에서 시인과 일반인들이 어우러져 섬사랑시인학교 캠프를 열고 있다. 대부분 등대를 중심으로 해양캠프를 열고 시낭송 촛불 명상, 소프라노 공연과 해변 백일장, 조개잡기 등 해양체험 프로그램으로 진행한다. 시낭송 촛불 명상은 당시 방파제등대 아래에는 전기시설이 갖춰지지 않아서 종이컵에 양초를 꽂아 진행하는 방식이었다.

촛불 명상은 매년 시낭송 체험과 함께 섬에서 색다른 추억이 어우러져 참가자들로부터 큰 호응을 얻었다. 그렇게 시인과 일반인들의 공감하는 장이 되면서 시낭송 촛불 명상은 섬사랑시인학교의 상징처럼 됐다. 세월이 흘러 이제는 방파제에도 가로등이 설치되고 수련원, 마을회관, 강당 등에도 전기시설이 최신식으로 갖춰졌다. 그러나 시낭송 촛불 명상 시간 때만은 전기 스위치를 내린 채 촛불을 켜고 시낭송 명상을 한다.

그해 여름날, 충청도 한 섬에서 노을 무렵 전국에서 온 시인들은 통기타 연주에 맞춰 촛불을 들고 릴레이 시낭송을 했다. 마지막 한 시인의 시낭송이 끝나고 전기 스위치를 올리려는데, 한 여류시인이 "아직 불 켜지 마세요?"라고 말했다. 그 여류 시인의 얼굴에는 눈물이 흐르고 있었다. 서울의 한 대학 문예창작학과 교수인 시인은 시낭송 촛불 명상의 감동에 푹 빠져 있었던 것이다.

프랑스 사상사 가스통 바슐라르는 "촛불은 영혼의 고요를 재는 압력계"라고 표현했다. 그는 "결이 고운 평온, 삶의 세세한 부분까지 내려가는 평온의 척도일 수 있다."면서 "평온해지고 싶은가? 그러면 조용히 빛의 작업을 수행하는 가벼운 불꽃 앞에서 가만히 숨을 쉬어 보라"라고 말했다.

촛불 명상은 산스크리트어로 트라타카(Trataka)라고 부른다. 하나의 대상, 하나의 지점을 바라보며 집중적으로 응시하다가 눈을 감고, 마음 속의 대상을 떠올리는 명상 방식이다. 특정한 순서에 얽매이지 않고 들숨, 잠시 멈춤, 날숨 과정을 3~5회 정도 반복한 후 시낭송에 귀를 기울인다. 또는 사회자가 아포리즘, 바

국도에서 치유시 촛불 명상 장면

닷가 풍경을 묘사하는 내레이션의 음성과 스토리를 읊조릴 때 내 마음도 동행하는 명상 방식이다.

　　이러한 촛불 명상은 집중력, 풍부한 감성, 시력 개선, 평온함, 안정감을 주는 효과가 있다. 참가자들은 이 감흥을 안고 개별적으로 백사장이나 방파제로 나가서 자유롭게 드러눕거나 갯바위, 등대에 기대어 들숨, 날숨으로 호흡 명상을 이어가기도 한다.

　　또한, 호흡을 정수리까지 끌어올려서 들숨, 잠시 멈춤, 날숨 과정을 통해 눈, 코, 가슴, 허벅지, 무릎, 발바닥까지 바다스캔 명상을 반복하면서 여행의 피로도 풀고, 파도소리, 갈매기 울음소리, 어선 통통대는 소리 등 청각적 명상 효과를 얻기도 한다.

　　오쇼 라즈니쉬는 "우주를 영원히 살아 있는 투명한 현존으로 느끼라"라고 말했다. 촛불에 어리는 내 모습처럼 '투명한 현존'을 만나라는 것이다. 한줄기 촛불은 저마다의 심상을 자극하면서 마침내 내 마음에 푸른 나뭇잎으로 변해 나부끼기도 하고 한 송이 꽃으로 피어나기도 하고, 한 떨기 파도 혹은 한 아름의 바위로 다가서 내 마음의 자존감과 자신감으로 자리잡기도 한다.

　　등대 아래서 보면 등대 빛줄기는 팔랑개비처럼 허공을 돌리고, 마침내 별들과 함께 거대한 우주 탄생의 빛줄기와 만난다. 그 순간 나도 빛으로 하나가 되고, 저기 별에까지 닿기도 한다. 그렇게 마음의 스파크가 일면 나는 행복한 우주 공간에 있음을 알아차린다. 일종의 관조, 성찰의 순간이다. 그렇게 나는 이 섬에서 외롭지 않은 고독으로 거대한 우주의 한 점, 한 섬이 된다.

고독은 내 마음이 만드는 것이다. 섬에서의 명상은 고독한 인간도 거대한 우주 속의 새로운 탄생의 풍경들을 마주하며 기쁨과 환희로 하나가 되는 일체감, 동일성을 쟁취할 수 있음을 깨닫게 한다. 그런 느낌은 꽤 오래 간다. 일상으로 돌아와서도 자신감과 자존감, 주체적 삶의 기운으로 되살아나 적극적인 활동의 엔진이 된다. 한동안 긍정적인 마음충전 에너지가 된다.

　　그렇게 섬과 바다, 등대에서 접한 풍경은 저마다의 마음속에서 다양한 이미지로 남아 내면의 여행을 이어간다. 누구는 그림의 소재로, 누구는 문학작품의 영감으로, 누구는 도화지의 점 하나를 만나도 섬 풍경을 떠올리고, 푸른색을 만나도 열정의 푸른 바다, 맑은 공기의 푸른 숲을 떠올린다.

　　누구는 머리카락 하나를 보아도 파도칠 때마다 치렁치렁 파도치며 일렁이던 해조류의 이미지를 떠올린다. 자연환경에서 접한 풍경으로 말미암은 이미지 명상 효과는 한 번의 체험만으로도 무한한 상상력의 확장으로 이어져 평온과 상상의 나래를 펼치며 나만의 신세계를 창조할 수 있다.

　　그렇게 명상하는 자의 오늘은 투명한 현존이고, 그 현존은 거대한 침묵과 에너지로 공존한다. 그 다양한 이미지 명상의 에너지는 이따금 파도소리를 울리며 팔분음표 리듬을 타고 나에게 다가서기도 하고, 파도가 방파제등대에 부딪칠 때마다 새롭게 솟구치는 생명력으로 불끈 힘을 불어넣어 준다.

　　허공에 이슬처럼 부서지며 내 살갗을 적시곤 했던 바다 향기는 나의 사유와 넉넉한 마음 컨트롤 공간을 타고 또 하나의 풍경, 액자를 만든다. 나는 여여하게 그 속으로 빠져들고 이따금 출현하는 번뇌와 관계의 찰나를 알아차리며, 둥글고 촉감 좋은 감각적 이미지로 만들어 마음 챙김의 콘트롤을 할 수 있다.

존 아사라프(John Assaraf)의 끌어당김의 법칙이 있다. 그는 중동 출신 이민자의 아들로 태어나 잇단 좌절을 극복하고 지금은 미국인이 가장 선망하는 기업가이자 베스트셀러 작가로 널리 알려졌다.

그는 "인간으로서 우리가 할 일은 원하는 대상을 집중해 생각하고 그 대상이 어떠해야 하는지 아주 명확하게 정하는 것인데, 그러면 우주에서 가장 커다란 법칙인 끌어당김의 법칙이 발동한다."라고 말했다. 그렇게 "당신은 자신이 가장 많이 되고 싶어 하는 존재가 되고, 당신이 가장 많이 생각하는 것을 끌어당긴다."라고 말했다.

꿈은 이루어진다. 마음이 있으면 길이 열린다. 그렇게 나에게 맞는 이미지를 끌어당기는 주체적인 명상을 해보자. 명상 후에는 나와 다른 사람의 마음까지도 한 강물, 한 바다로 끌어당기고, 그렇게 한 바다가 되면서 서로의 낯설음은 익숙함이 된다.

그래서 오래된 만남처럼, 오래된 추억처럼 서로의 마음은 수평을 이루고 어깨 기대어 기쁨의 파도처럼 출렁인다. 특히 섬사랑시인학교 해양캠프에서는 캠프파이어 시간 때 가장 절정에 이르는데, 조별로 숙소로 자리 옮겨 친목의 시간을 보내는 중에도 여전히 촛불을 켠 채로 무언의 사랑과 일체감을 체감하는 장면을 자주 본다.

촛불이 주는 공감 효과가 그만큼 크기 때문이다. 애오라지 한줄기 타오르는 촛불이 서로의 마음을 하나로 타오르게 한다. 저마다 그러고 싶은 그 마음을, 그들이 한 시선으로 바라보는 촛불에서 읽을 수 있다.

## 내 마음을 울리고, 내 마음을 닦아주는 치유시

시인 릴케는 "시(詩)는 소리로 태어나 마음을 울린다"고 말했다. 시는 사전적으로 정서, 사상 따위를 함축적 언어로 표현해 운율을 가미한 문학의 한 갈래이다. 시는 다양한 울림을 통해 저마다의 예술적 감정을 키우고 정서적, 이미지적으로 재창조의 역할을 한다.

작품(poem)으로서 시는 자연과 우주의 연계성을 잇는 무한한 요소들로 인해 여행지의 분위기를 한층 극대화시킨다. 그렇게 자연 풍경에 자연스레 어우러지고 마음을 관조하는 계기가 된다. 시낭송 촛불 명상 등 다양한 방식의 마음치유 명상 방식 중 하나가 치유시 명상이다.

시(詩)는 말씀 언(言)과 절 사(寺)가 합쳐진 형상문자이다. 자연과 마음을 잇는 선시(禪詩)가 마음 챙김을 하는데 큰 효과가 있는 것은 우연이 아니다. 선시는 선(禪) 수행을 바탕으로 그 사상과 체험을 읊은 시를 말한다. 시(詩)와 선(禪)의 만남이다. 선

시가 선명상과 함께 명상 부분에서 빼놓을 수 없는 이유이다.

원효대사의 '놓아버려라'라는 제목의 선시이다.

옳다 그르다
길다 짧다
깨끗하다 더럽다
많다 적다를
분별하면 차별이 생기고
차별하면 집착이 생기게 되는 것이다

옳은 것도 놓아 버리고
그른 것도 놓아 버려라

긴 것도 놓아 버리고
짧은 것도 놓아 버려라

하얀 것도 놓아 버리고
검은 것도 놓아 버려라

바다는
천개의 강
만개의 하천을 다 받아들이고도
푸른 빛 그대로요
짠 맛 또한 그대로이다

아주 평이한 언어에 리듬을 입한 선시이기에 그냥 읽는 것으로도 마음의 치유가 되는 시이다. 법문에 가락을 넣은 경우이다.

"바다는/천개의 강/만개의 하천을 다 받아들이고도/푸른 빛그대로요/짠 맛 또한 그대로이다". 산속의 이슬, 빗방울들은 계곡을 구불구불 타고 흘렀을 터이고, 다시 강줄기가 되어 메마른들판을 적시고 마침내 바다에 이르렀을 터이다.

바다는 그런 강의 돌부리에 맞부딪친 상처, 시절이 지난 녹슨 낙엽, 물에 휩쓸려온 수많은 미생물과 껍데기들, 그것도 천개의 강과 하천 물로 뒤섞여 말할 수 없는 혼탁함과 속울음들을 다보듬었다. 그렇게 푸른 섬, 푸른 바다를 이뤘다.


김달진의 '나'라는 제목의 시도 짧지만 감동이 크다.

  나를 세우는 곳에는
  우주도 굴속처럼 좁고
  나를 비우는 곳에는
  한 칸 협실도 하늘처럼 넓다

  나에의 집착을 여의는 곳에
  그 말은 바르고
  그 행은 자유롭고
  그 마음은

무위의 열락에 잠긴다

　"나를 비우는 곳에는/한 칸 협실도 하늘처럼 넓다". "집착을 여의는 곳에" "그 마음은/무위의 열락에 잠긴다". 탐욕의 마음자리는 좁다. 그러나 비우면 협실도 하늘이다. 열락(悅樂)은 큰 기쁨과 즐거움을 뜻한다. 다 내려놓으니 무위자연(無爲自然)이다.

　틱낫한 스님의 '서로의 안에 있음'이라는 제목의 선시 역시 일체의 대상과 그것을 마주한 나 사이에 어떠한 구별도 없는 물아일체(物我一體), 삼라만상과 연기망, 비움과 무상, 무아의 최고 경지를 깊게 깨닫게 한다.

해가 내 안으로 들어온다.
구름과 강과 더불어 내 안으로 들어온다.
나 또한 강으로 들어간다.
구름과 강과 더불어 해로 들어간다.
우리가 서로 안에 들어가지 않는
그런 순간은 없다.
그렇지만 내 안으로 들어오기 전
해는 이미 내 안에
구름과 강과 더불어 내 안에서 있었다.
강으로 들어가기 전
나는 이미 그 안에 있었다.
우리가 서로 안에 들어가 있지 않는
그런 순간은 없었다.

그러니, 알아다오.
네가 숨을 멎는 그 순간까지
내가 네 안에 들어 있음을.

　　나옹선사의 '청산은 나를 보고 말없이 살라 하네' 작품도 빼
어난 선시로 치유시로 제격이다. 나옹선사는 고려 말 공민왕의
스승이자 조선의 이성계 왕사(王師)였던 무학대사의 스승이었다.
이 시는 나옹선사의 발원문이기도 하다.

청산은 나를 보고 말없이 살라 하고
창공은 나를 보고 티 없이 살라 하네
노여움도 내려놓고 아쉬움도 내려놓고
물같이 바람같이 살다가 가라 하네.

　　섬사랑시인학교 시낭송 촛불 명상 때마다 단골로 낭송하는
두 편의 시가 있다. 고 송수권 시인의 '적막한 바닷가'와 오세영
시인의 '바닷가에서'이다.

더러는 비워 놓고 살 일이다.
하루에 한 번씩
저 뻘밭이 갯물을 비우듯이
더러는 그리워하며 살 일이다.
하루에 한 번씩
저 뻘밭이 밀물을 쳐 보내듯이
갈밭머리 해 어스름녘
마른 물꼬를 치려는지 돌아갈 줄 모르는

섬사랑시인학교 덕적도 캠프에서 치유시 촛불 명상

한 마리 해오라기처럼
먼 산 바래서서
아, 우리들의 적막한 마음도
그리움으로 빛날 때까지는
또는 바삐바삐 서녘 하늘을 깨워가는
갈바람소리에
우리 으스러지도록 온몸을 태우며
마지막 이 바닷가에서
캄캄하게 저물 일이다.
- 송수권, '적막한 바닷가' 전문

　상록수 교사였던 시인은 광주광역시로 발령 받아 얼마 있다가 서귀포 앞 바다로 훌쩍 떠났다. 툭 트인 범섬 앞에 책상 하나 두고 집필에 몰두하더니, 다시 변산반도에 둥지를 틀고 뻘밭 짓이기는 삶을 살았다. 다시 그의 등단 작품의 무대인 지리산 맞은편 섬진강변에 집필실을 마련했다. 그렇게 그는 "바삐바삐 서녘 하늘을 깨워가는/갈바람소리에", "온몸을 태우며" 저물어 갔다. 인생은 그런 것이다. 짧은 생애 아웅다웅 살 일이 아니다. "더러는 비워 놓고 살 일이다./하루에 한 번씩/저 뻘밭이 갯물을 비우듯이". 노을 무렵 바닷가에 서면 이 시의 감흥은 절정에 이른다.

또 한 편의 시가 오세영 시인의 '바닷가에서'이다. 그해 여름 덕적도 바닷가에서 섬마을 사람들과 함께 섬사랑시인학교 시낭송 촛불 명상을 할 때 낭송한 시이다. 분교 아이들은 저마다 손에 든 종이컵 안에 피어 문 작은 촛불을 신기한 눈빛으로 바라봤다. 촛불은 넓은 강당 안을 노랗게 밝혔다. 캠프장 밖은 바다였다. 밀려오는 파도소리 따라 원로 시인은 나지막한 목소리로 시를 낭송했다.

사는 길이 높고 가파르거든
바닷가
하얗게 부서지는 파도를 보아라.
아래로 아래로 흐르는 물이
하나 되어 가득히 차오르는 수평선.
스스로 자신을 낮추는 자가 얻는 평안이
거기 있다.

사는 길이 어둡고 막막하거든

바닷가
아득히 지는 일몰을 보아라
어둠 속에서 어둠 속으로 고이는 빛이
마침내 밝히는 여명.
스스로 자신을 포기하는 자가 얻는 충족이
거기있다.

사는 길이 슬프고 외롭거든
바닷가
가물가물 멀리 떠 있는 섬을 보아라.
홀로 견디는 것은 순결한 것,
멀리 있는 것은 아름다운 것,
스스로 자신을 감내하는 자의 의지가
거기 있다.
　　　　- 오세영, '바닷가에서' 전문

　"사는 길이 높고 가파르거든/바닷가/하얗게 부서지는 파도를 보아라." 꺼이꺼이 살아가는 우리에게 던진 화두 명상이다. "하얗게 부서지는 파도를 보아라.", "스스로 자신을 낮추는 자가 얻는 평안이/거기 있다." 그리고 "사는 길이 어둡고 막막하거든", "아득히 지는 일몰을 보아라." 자연도 인생도 저무는 것. 생멸하는 것. 영원함도 끝도 없는 것.

　바닷가를 거닐다 보면 백사장에 미세한 길을 내면서 집게 발가락을 내밀며 기어가는, 혹은 걸어가는 조개를 볼 수 있다. 썰물의 바다에서는 이런 작은 생물들의 움직임을 바라보면서 바다는 모든 생물들의 터전이고 미생물들도 이 드넓은 바다의 일원임을 알 수 있다. 찬찬히 그 움직임을 들여다보면 생명의 존귀함, 우주 공간에는 다양한 삶이 공존함을 깨닫는다. 그런 풍경을 보여준 시가 문태준 시인의 '맨발'이라는 치유시이다.

어물전 개조개 한마리가 움막 같은 몸 바깥으로 맨발을 내밀어 보이고 있다

죽은 부처가 슬피 우는 제자를 위해 관 밖으로 잠깐 발을 내밀어 보이듯이 맨발을 내밀어 보이고 있다

펄과 물속에 오래 담겨 있어 부르튼 맨발

내가 조문하듯 그 맨발을 건드리자 개조개는

최초의 궁리인 듯 가장 오래하는 궁리인 듯 천천히 발을 거두어갔다

저 속도로 시간도 길도 흘러왔을 것이다

누군가를 만나러 가고 또 헤어져서는 저렇게 천천히 돌아왔을 것이다

늘 맨발이었을 것이다

사랑을 잃고서는 새가 부리를 가슴에 묻고 밤을 견디듯이 맨발을 가슴에 묻고 슬픔을 견디었으리라

아 ― 하고 집이 울 때

부르튼 맨발로 양식을 탁발하러 거리로 나왔을 것이다

맨발로 하루 종일 길거리에 나섰다가

가난의 냄새가 벌벌벌벌 풍기는 움막 같은 집으로 돌아오면

아 ― 하고 울던 것들이 배를 채워

저렇게 캄캄하게 울음도 멎었으리라

― 문태준, '맨발' 전문

게가 들어 있는 이 고동의 정식 명칭은 긴발가락참집게. 다른 고동이 바위나 모래톱에 붙어 사는 것과 달리 바다를 기어가는 모습이 이채롭다. 마치 부처의 맨발 수행, 무거운 삶의 짐을 울러메는 모습으로 살아가는 가장의 맨발처럼 보인다.

그렇게 "부르튼 맨발", "저렇게 천천히 돌아왔을" 맨발. "하루 종일 길거리에 나섰다가" 집으로 돌아온 가장의 모습과 오버랩된다. 그렇게 살면서 "울음도 멎었으리라". 사랑하는 살붙이들이 살 부비며 사는 보금자리인 가정은 비록 누추하더라도 온화한 기쁨이 있는 곳이다. 그 삶터는 사랑으로 밝아지고 포근함이 깃든다. 그렇게 기쁠 때나 슬플 때나 위로 받고, 다시 열심히 살아가면서 행복을 저축하는 곳이 가정이다. 우리네 삶을 그렇게 반추하게 하는 시이다.


## 걷기 명상, 내 마음은 기운을 타고 흐른다

한 스포츠신문이 2023년 11월 21일자 1면에 실은 전국 여론조사를 보면 우리 국민들이 운동을 겸해 주 1회 이상 하는 생활스포츠는 6년 연속 '걷기'가 1위(22.7%)였다. 특히, 걷기는 여성(27.7%)이 남성(17.6%) 보다 앞섰다. 50~60세(55.8%)에서 응답 비율이 높았다.

<매일경제>가 2023년 9월 27일자에서 인용보도한 정신의학 분야 국제학술지(Frontiers in Psychiatry)에 따르면 중장년층이 평소 걷기 운동을 조금씩이라도 꾸준히 한다면 우울감을 줄이는 데 큰 도움이 되는 것으로 조사됐다.

1주일에 5일 이상 걷는 그룹은 전혀 걷지 않는 그룹에 반해 우울감을 갖게 될 위험이 47% 낮은 것으로 분석됐다. 이 그룹에서 자살 위험은 75%까지 낮았다. 꾸준한 걷기 운동은 중추 각성을 증가시키고 도파민, 에피네프린, 노르에피네프린, 세로토닌, 엔도르핀과 같은 다양한 신경 전달 물질을 방출해서 기분, 정서적 기능, 스트레스 반응성을 높이는 것으로 조사됐다.

걷기 명상법은 오른손을 아랫배에, 왼손을 그 위에 얹는다. 시선은 1m 앞에 둔다. 호흡은 코로 시작해 코로 내쉰다. 양발은 발바닥을 바닥에 수평으로 되도록 한다. 오른쪽 발꿈치를 천천히 들어 올리면서 천천히 들이마시고, 그 상태에서 다시 숨을 내쉰다. 오른발을 바닥에서 들어 올려 한걸음 떼면서 숨을 들이마신다. 오른발을 바닥에 내려놓으면서 숨을 내쉰다. 이런 방식으로 왼발도 들숨과 날숨 과정을 밟는다. 요약하면 뒤꿈치 들기, 들어 올리기, 옮기기, 내려놓기 4단계이다.

처음에는 호흡이 아주 거칠어지고 온몸에 열이 나거나 양손에 땀이 흥건히 적신다. 발과 호흡이 엇박자로 움직이기도 한다. 그러나 천천히 자연스럽게 호흡과 리듬을 타기 시작하면서 열기가 식고 편안한 호흡과 걸음걸이가 이어진다. 이 걷기 명상은 느린 걸음을 수행하며 집중력을 기르는 것이 관건이다. 그리고 3가지 본성(무상, 고, 무아)를 관찰하는 것이다.

걷기 명상은 건강, 눈의 피로감 해소, 자연과 교감하며 평안한 마음챙김 효과가 있다. 이런 걷기코스로는 앞서 소개한 섬과 바다, 등대 해안 길도 좋고 동서남북으로 바다를 조망하며 걷기가 가능한 섬길에서도 좋다.

특히 숲길을 걸으면 풀과 나무, 맑은 공기, 물소리, 새소리
가 주는 효과를 무한히 만끽할 수 있다. 숲을 30분만 걸어도 사
람의 심박 변이도가 안정되고 긍정적 감정이 증가하며 인지력이
향상된다. 15분 동안 숲을 보는 것만으로도 스트레스 호르몬인
코르티솔 농도가 15.8% 낮아지고 아토피와 우울증 치유는 물론
도심 열기와 소음을 낮춰 마음을 안정시키고 이산화탄소를 정화
해 호흡을 아주 편하게 해준다.

보리마을 자비선 명상원장인 지운 스님은 2024년 6월 11일
<불교방송> '지운 스님의 걷기선명상'에서 의식이 있는 곳에 기
운의 흐름이 있다고 말했다. 따라서 화가 나면 발가락과 손끝에
두라고 했다.

그러면서 걷기를 할 때 발바닥의 글씨를 쓰라고 권했다. 발
바닥으로 화두 명상을 하라는 것이다. 마음은 기운을 타고 흐른
다. 마음과 기운은 둘이 아니다. 걷기 명상이 단순한 육체적인
움직임 외에도 명상 통해 마음수련으로 깊어가는 과정임을 설명
했다.

## 광화문광장 명상의 섬이 되다…매일 '5초 멈춤', '5분 명상' 실천

이제 명상은 국민적 붐으로 일고 있다. 2024년 9월 28일 주말
오후 조계종은 광화문광장에서 '2024 국제선명상대회'를 열었다.
조계종 총무원장 진우 스님은 "현대사회는 눈부신 경제 발전을

이뤘지만 동시에 마음의 불안과 고통 또한 커져가고 있고 여전히 전쟁과 환경 파괴로 인해 큰 고통을 겪고 있다"면서 "기술 발전과 경제적 성장만으로는 마음의 고통을 치유할 수 없다. 이제는 산업혁명을 넘어 정신 혁명의 시대로 나아가야 할 때"라고 강조했다.

"선명상은 지금 여기에서 몸과 마음을 고요하고 편안하게 합니다. 지금 이 순간 자유롭습니다. 지금 이 순간 평안합니다. 지금 이 순간 행복합니다. 일어나는 욕심을 내려놓으면 몸과 마음이 평안해집니다. 순간순간 평안하면 영원히 평안합니다. 언제 어디서나 평안합니다."

진우 스님은 "우리가 마음의 평안을 찾아가는 그 길은 선명상"이라며 "한국불교 정통 수행인 간화선을 바탕으로 선명상을 열어 가겠다"고 선포했다. 그러면서 '5초 우선멈춤 선명상', '5분 무시로 선명상', '지나가리라 쉘패스 선명상', '그림자 선명상', '방하착 놓음 선명상', '고락사 삼수야 가라 선명상' 등 상황별 맞춤 108가지 선명상법을 제안했다.

진우 스님은 "우리는 어디로 가고 있으며 무엇을 향해 나아가는가 그 해답은 언제나 내 안에 있다"면서 "지금 바로 여기에서 마음의 평안에 이르는 여정을 떠나 보자"며 '5분 명상'을 권했다.

그렇게 진우 스님과 금강 스님, 일수 스님, 불산 스님, 로시 조안 할리팩스, 툽텐 진파, 차드 멩탄, 판루스님, 직메 린포체

등 국내외 명상 전문가들은 좌선을 하고 싱잉볼 소리가 울려 퍼지자 스님, 불자, 일반참가자 4만여명이 일제히 눈을 감고 호흡에 집중하기 시작했다.

"우리가 찾는 행복과 평화는 결코 외부에 있는 것이 아니라 이미 우리 안에서 존재하고 있다는 사실을 깨닫겠습니다. 이 깨달음은 우리를 더욱 자유롭고 평화롭고 고요하게 할 것입니다. 지금 평화와 조화의 빛으로 가득한 이 순간을 온전히 느낍니다. 지구촌의 폭력과 전장, 차별과 혐오가 사라지고 이해와 존중, 자비와 지혜가 가득한 세상이 되기를 기도합니다."

특설무대 대형 LED 화면에는 깊은 산사를 배경으로 숲의 소리, 새 소리, 계곡물 흐르는 소리, 모래가 떨어지는 영상이 흐르고, 순간 대한민국 수도서울 한가운데 광화문광장은 평소 느끼거나 예상할 수 없는 고요함으로 휩싸여 5분 동안 명상의 섬이 됐다.

조계종은 이날 국제선명상대회를 시작으로 선명상 프로그램 개발, 지도자 양성 등 선명상 프로그램을 국내는 물론 세계화에 착수할 계획이다.

해양치유, 마음치유 명상, 커뮤니케이션을 융합한 '치유명상 커뮤니케이션 최고위과정'이 대학 내 커리큘럼으로 개설돼 스님, 진학교사, 명상센터 운영자, CEO 등 명상 전문가들이 마음챙김, 관계, 커뮤니케이션 기술을 두루 익혀 명상분야 전문가그룹으로 성장하는 토대가 마련되기도 했다.

정부와 지방자치단체도 적극적으로 명상 프로그램을 개발, 운영하고 있다. 서울시 강남구는 자체단체 중 최초로 2021년 삼성동 코엑스, 개포동에 힐링센터를 설립해 운영 중이다. 힐링센터에는 명상룸, 스마트 헬스케어 공간, 무인 로봇 바리스타 카페, 북테라피 공간과 개인 휴식공간 등이 마련됐다.

이곳에서는 북테라피, 아로마테라피, 차크라 명상, 걷기 명상, 싱잉볼 명상, 요가 명상 등 80여개 마음 치유 프로그램을 운영 중이다. 특히, 가족, 친구, 이웃 등 나를 둘러싼 '관계' 문제를 주목해, 보다 건강한 관계 맺기 방법을 배우는 '관계 습관' 프로그램도 운영 중이다.

교육부는 중점 과제로 학생들의 마음건강을 최우선 지원할 것을 밝히고 마음챙김 교육 프로그램 개발을 추진 중이다. <한겨레> 2024년 7월 29일자 보도에 따르면, 교육부는 보건복지부와 함께 '교원 마음건강 회복 지원을 위한 공동전담팀'도 설치한다.

학생들의 감정·충동 조절, 스트레스 관리 등을 위한 마음챙김 교육 프로그램을 개발, 2025년부터 초중고등학교에서 시범 적용할 계획이다. 대구교육청은 올해 교육청 차원에서 명상을 도입, 지난해 12개 학교에서 실시한 '마음교육 선도학교'를 올해는 50개 학교로 확대해 명상 교육을 펼치고 있다.

사실 미국은 2015년 '학업·사회·정서적 능력 함양을 위한 학습법'을 제정, 명상 프로그램을 학교에서 운영 중이다. 뉴욕시 공립 유치원과 고등학교들은 수업시간 2~5분 정도를 마음챙김 호흡에 할애하고 있다. 미국 워싱턴DC 라파예트 초등학교는 학교 총격 사건이 늘어나는 문제를 해결하고자 명상으로 아이들을 평화로운 상태로 이끄는 '평화 수업'을 실시 중이다.

정부는 전국의 지방합동청사에 마음건강센터를 만들어 악성 민원으로 고통받는 민원분야 공무원 등 직무 스트레스뿐만 아니라 개인이나 가정 내 스트레스까지 전반적인 마음건강 관리에 힘쓰고 있다.

직무와 관련해 공무원이 상담을 요청할 경우 개인 상담에 그치지 않고 부서 전체를 대상으로 집단 상담을 진행해 문제 해결에 적극 나선다. 해결 방안으로 활용하는 방식이 다양한 명상 프로그램이다.

3시간 동안 경기에 집중해야 하는 야구 선수, 경기장 바람과 소음 등을 이겨내고 오직 과녁에 집중해야 하는 양궁 선수 등 스포츠 선수들도 훈련 과정에서 명상 프로그램을 활용하고 있다. 특히 SK 와이번스, SSG 랜더스, 키움 히어로즈 야구단은 마음수련 명상 프로그램을 도입하여 선수들의 스트레스 해소와 집중력을 향상시키고 있다.

<문화일보>는 2024년 4월 19일 "예상 깨고 4위… 키움, 선전 비결은 '명상'" 제목의 기사에키움 히어로즈 야구 구단이 예년과 달라진 점은 '차분함'이라면서 '명상'으로 경기 전과 후에 마음을 다잡은 결과라고 보도했다.

이 신문은 "키움은 올해 1군 훈련 프로그램 중 하나로 명상을 도입했다."면서 "명상은 승부, 슬럼프 등으로 인한 스트레스를 털어버릴 수 있고 집중력을 유지하는 데도 큰 도움을 줄 수 있다."고 보도했다. 그러면서 이미 MLB에선 대부분 구단이 명상 프로그램으로 운영하고 있다고 덧붙였다.

이 기사에서 키움 1루수 최주환 선수는 "근육이 긴장하면 능력치를 100% 발휘할 수 없다. 명상과 심호흡이 근육을 이완시키고, 긴장을 푸는 데 큰 도움이 되고 있다"고 말했고, 내야수 송성문 선수도 "명상으로 마음이 깨끗해지고 정신이 맑아진다. 경기 전이나 경기 중에 집중력을 높이는 데 도움이 된다"고 말했다.

2024년 7월 29일자 <동아일보>, <한겨레> 등 여러 언론에 따르면, 올림픽 10연패를 달성한 양궁팀도 한국에서 훈련할 때부터 심리치료와 명상 전문가들과 함께 긴장과 스트레스가 심할 때 호흡 명상으로 마음의 긴장감을 컨트롤 하여 궁극의 평상심을 유지하는 마음 수련을 병행했다.

그렇게, 이제 명상은 대세가 됐다.

# 참고문헌

## 논문

김미경·윤세목·유세남(2008). 한국의 의료관광 상품 개발을 위한 탐색적 연구(일본의 잠재적 관광객을 대상으로).

성용찬(2021). 해양치유관광을 위한 국내 이해관계자 인식 및 외래수요 특성 연구(충청남도 서해안권을 중심으로). 배재대학교 박사학위 청구논문.

이주현(2015). 의료관광 만족에 영향을 미치는 선택속성에 관한 연구(의료관광 유형의 조절효과를 중심으로). 세종대학교 박사학위 청구논문.

임범종·윤병국·권성길(2009). 한국적 의료관광상품 개발방안 연구. 호텔경영학연구, 18(3), pp.317-337.

조현구(2006). 한국의료관광 활성화 방안에 관한 탐색적 연구. 호텔관광연구, 15(4), pp.189-203.

최복수·김영석(2014). 한국의료관광서비스 선택요인과 선택요인의 만족도와 선호도에 관한 연구(중국인을 중심으로). 한국호텔관광학회, 16(2),pp.122-145.

## 단행본

김상운(2020). 『거울명상:즉각적인 치유와 현실창조』. 정신세계사.

로랑스 드빌레르(2023). 이주영 옮김. 『모든 삶은 흐른다』. 피카.

루퍼트 스파이라(2023). 김주환 옮김. 『알아차림에 대한 알아차림』. 퍼블리온.

마가스님(2020). 『마가 스님의 마음충전』. 숨.

마가스님(2021). 『마가 스님의 100일 명상』. 불광출판사.

마가스님(2021). 『내 마음 바로보기』. 자비명상.

매튜 플릭스타인(2013). 고형일 문정순 정광주 박현주 오명자 옮김. 『명상심리치료입문-내면으로의 여행』. 학지사.

박문호(2013). 『그림으로 읽는 뇌과학의 모든 것』. 휴머니스트.

박상건(2003). 시집 『포구의 아침』. 책만드는 집.

박상건(2008). 『주말이 기다려지는 행복한 섬 여행』. 터치아트.

박상건(2011). 『바다, 섬을 품다』. 이지북.

박상건(2013). 『바다와 등대 그리고 사람이 만나다』. 해양수산부.

박상건(2013). 『등대가 등대에게 묻다』. 해양수산부.

박원순(2019). 『식물의 위로』. 행성B.

박중곤(2019). 『태초건강법 생활치료 편』. 아라크네.

세스 J. 길리한(2029). 신인수·전철우 옮김. 『내 마음 내가 치유한다』. 씨아이알.

스즈키다이세츠(1986). 심재룡 옮김. 『아홉 마당으로 풀어 쓴 선(禪)』. 현음사.

알랭 드 보통(2004). 정영목 옮김. 『여행의 기술(The Art of the Travel)』. 이레.

앤드류 매튜스(2022). 김유경 옮김. 『마음 가는 대로 해라』. 데이원.

웨인 조나스(2019). 추미란 옮김. 『환자 주도 치유 전략』. 동녘라이프.

이쿠타 사토시(2019). 김영진 옮김. 『먹거리로 높이는 자연치유력』. 성안당.

이시형(2020). 『이시형 박사의 면역 혁명』. 매경출판.

임동헌(2004). 『풍경』. 해피아워.

장 그르니에(1988). 김화영 옮김. 『섬』. 청하.

장보배(2023). 하양자 옮김. 『가만히 눈을 감고』. 대한불교조계종 한국불교문화사업단(원명).

장재열(2024). 『마이크로 리추얼: 사소한 것들의 힘』. 한국경제신문사.

진우스님(2024). 『진우스님의 선명상 개미의 발소리』. 조계종출판사(원명).

차차석·홍유신·김선화(2020). 『법화천태의 명상과 마음치유』. 블랭크.

폴 길버트·초덴(2020). 조현주 외 옮김. 『마음챙김과 자비-자비로운 마음 훈련』. 학지사.

하기와라 기요후미(2001). 황소연 옮김. 『내 몸 안의 주치의 면역학』. 전나무숲.

헨리 나우웬(Henri Jozef Machiel Nouwen,2022). 『상처 입은 치유자』. 두란노서원.

**방송 신문 잡지**

권수련(2020.5.13.). "명상, 호흡하며 숫자 세보세요…잡념 사라지고 마음 편안". <농민신문>.

김온유(2024.4.18.). "제주로 간 인사혁신처장, 공무원 마음건강 챙기고.". <머니투데이>.

김한수(2024.6.12.). "행복도 괴로움도 찰나찰나 '툭' 내려놔보세요, 禪명상...". <조선일보>.

박상건(2015~2016.). "박상건 교수의 마음을 움직이는 설법" 연재 칼럼. <법보신문>.

박은아(2024.7.29.). "어려도 할 수 있어요…집중력·감정 조절 능력 키워줘". <한겨레>.

방영준(2024.6.1.). "자비 없는 불교는 없다". <불교평론>. 통권 98호.

손성원(2023.7.13.). '잠 못 드는 밤엔 478호흡법…불면증에 괴로울 때'. <한국일보>.

신성식(2023.7.5.). "눈도 속인 가짜약…100만명 앓는 녹내장 '플라세보' 통했다".<중앙일보>.

이준희(2024.7.29.). "최강 양궁팀…올림픽 10연패 세계 최강 비결 3가지". <한겨레>.

정세영(2024.4.19.). "예상 깨고 4위…키움, 선전 비결은 '명상'". <문화일보>.

정진수(2024.7.29.). "양궁 여자단체전 올림픽 10연패 달성…맞춤형 지원". <동아일보>.

지운스님(2024. 6.11.). '지운스님의 걷기선명상'. <불교방송>.

최윤나(2016.3.17.). "비타민, 살 빼고 잠 잘 오는 '478 호흡법'". <MBN>.

편완식(2013.1.21.). "편완식이 만난 사람-아잔 브람 스님". <세계일보>.

한국불교신문(2019.9.2.). "명상의 역사-② 명상의 어원을 생각해 보자". <한국불교신문>.